Marc Mylius

Die perfekten lateinischen Zitate

Marc Mylius

Die perfekten lateinischen Zitate

Sprüche und Sprichwörter

marixverlag

Covergestaltung: Thomas Jarzina, Köln
Satz: Pinkuin Satz und Datentechnik, Berlin
Druck und Bindung: GGP Media GmbH, Pößneck
Printed in Germany

ISBN-10: 3-937715-05-3
ISBN-13: 978-3-937715-05-6
www. marixverlag.de

A

Ab alio exspectes, alteri quod feceris.

Erwarte von einem anderen, was du ihm getan hast.

Aberratio delicti.

Abirrung des Vergehens. – Die aus einer böswilligen, rechtswidrigen Handlung entstehende, von dem beabsichtigten Zwecke ganz abweichende, oder über denselben hinausgehende Folge der Handlung.

Ab executione.

Mit der Vollstreckung anfangen. – Ein rechtswidriges Verfahren, welches darin besteht, dass eine streitige Leistung erzwungen wird, bevor noch gerichtliche Entscheidung erfolgt ist.

Ab hinc.

Von nun an. – Wird sowohl von der jetzigen Zeit als auch von einer genannten gebraucht.

Ab hodierno.

Vom heutigen Tage an.

Abiit, excessit, evasit, erupit.

Er ging fort, er entwich, er entschlüpfte, er brach aus.

Ab igne ignem.

Vom Feuer (gib) Feuer! – Von dem, was man hat, soll man bereit sein zu geben, zumal, wenn man selbst keinen Verlust dadurch erleidet.

Ab initio.
Vom Anfange an.

Ab instantia.
Absolvieren – entbinden, freisprechen.

Ab intestato.
Erben, ohne dass ein Testament vorhanden ist, also auf Grund des natürlichen Erbrechtes.

Ab irato.
Vom Erzürnten – d. h. im Zorne.

Ab origine.
Von Ursprung an.

A bove maiori discit arare minor.
Vom größeren Ochsen lernt der kleinere pflügen.

Ab ovo.
Vom Ei an. – Etwas mit übermäßig langer Einleitung beginnen.

Ab ovo usque ad mala.
Vom Ei bis zu den Äpfeln. – Etwas gründlich erörtern.

Absens carens.
Der Abwesende, der Entbehrende.

Absens heres non erit.
Der Abwesende wird nicht Erbe sein. – D. h. Wer nicht zur rechten Zeit da ist, auf den wird keine Rücksicht genommen werden.

Absit!
Das sei ferne!

Absit invidia dicto.
Missgunst sei dem Worte fern.

Anni currentis (= A. c.).
Des laufenden Jahres.

A calvo ad calvum.
Vom Kahlen bis zum Kahlen – d. h. ganz und gar.

A capite usque ad calcem.
Vom Kopf bis zur Ferse. Vom Scheitel bis zur Sohle.

Accepto damno ianuam claudere.
Nach empfangenem Schaden die Tür schließen. – Den Brunnen zudecken, wenn das Kind ertrunken ist.

Acheronta movebo.
Ich werde den Acheron (die Unterwelt) in Bewegung setzen. – Vorher steht: Si superos nequeo. Wenn ich die Himmlischen nicht rühren kann. – Ich werde Himmel und Hölle in Bewegung setzen.

A Chr., a. Chr. n. = Ante Christum, ante Christum natum
Vor Christo, vor Christi Geburt.

Acta, non verba!
Taten, nicht Worte!

Acti labores iucundi.
Nach getaner Arbeit ist gut ruhen.

Actio in distans.
Wirkung in die Ferne.

Actis testantibus.
Wie die Alten bezeugen.

Acu tetigisti.
Du hast den Nagel auf den Kopf getroffen.

A. d. = a dato.
Vom Datum an.

A. D. = Anno Domini.
Im Jahre des Herrn.

Ad absurdum.
Zum Ungereimten, ungereimt.

Ad acta.
Zu den Akten legen. – Eine Sache für abgetan ansehen.

Adamante notare.
Mit dem Diamant verzeichnen. – Zum ewigen Gedächtnis.

Ad amussim.
Nach der Richtschnur. – Sorgfältig, pünktlich.

Ad astra.
Zu den Gestirnen.

Ad bene esse.
Zum Wohlbefinden.

Ad bene placitum.
Nach Belieben.

Ad bestias.
Zu den Tieren. – Bei welcher der Verurteilte den wilden Tieren vorgeworfen wurde.

Ad calendas graecas.
Auf Nimmerstag.

Ad captum vulgi.
Nach der Fassungskraft des Volkes.

Add. Addatur u. adde.
Es werde hinzugetan und tue hinzu.

Addictio in diem.
Zusprechung auf den Tag. – Der mit einer solchen Zusprechung versehene Vertrag hat nur dann Gültigkeit, wenn sich bis zum bestimmten Tage kein günstigerer hat abschließen lassen.

Ad duplicandum.
Um zu duplizieren.

Ad futuram memoriam.
Zum künftigen Gedächtnis, zum Andenken für die Zukunft.

Ad hastam.
Zum Spieße. – Sowohl bei öffentlichen, durch den Prätor stattfindenen, als auch bei privaten Versteigerungen und Verkäufen galt die Lanze als Symbol der übertragenen Gewalt, des zu übertragenden Eigentums.

Ad hoc.
Hierzu, zu diesem Zwecke.

Ad honorem.
Zu Ehren, Ehren halber.

Adhuc sub iudice lis est.
Der Streit ist noch bei dem Richter. – Ist also noch unentschieden.

A die.
Von dem Tage an.

A die insinuationis, - recepti.
Vom Tage der Einhändigung, - des Empfanges an.

Ad impossibilia nemo obligatur.
Zum Unmöglichen wird niemand gezwungen, ist niemand verpflichtet.

Ad incita od. incitas aliquem redigere.
Jemanden in die äußerste Not bringen, kalt stellen.

Ad infinitum = In infinitum.
Bis ins Unendliche.

Ad interim.
Für einstweilen, vorläufig.

Ad latus (auch: **Adlatus**).
Zur Seite, zum Beistande.

Ad libitum.
Nach Belieben.

Ad maiorem dei gloriam.
Zum größeren Ruhme Gottes. – Die Jesuiten suchen mit dieser Begründung ihre unentschuldbaren Taten zu rechtfertigen.

Ad marginem.
An den Rand. – Bezieht sich also auf Bemerkungen.

Ad maximum.
Höchstens.

Ad meliorem fortunam.
Zur Aufbesserung des Vermögens.

Adminicula gratiae.
Gnadenmittel.

Adminicula probationis.
Hilfsmittel zur Beweisführung.

Ad modum Minelli.
Nach Minellis Art. – Eine Bezeichnung für Übersetzungen, welche zu Eselsbrücken bestimmt waren.

Ad nauseam usque.
Bis zum Ekel/Erbrechen.

Ad notam.
Zur Anmerkung (nehmen). – Beherzigen, sich merken.

Ad nunum convenit.
Es stimmt auf den Pfennig.

Ad oculos.
Vor Augen.

Ad patres.
Zu den Vätern (gehen), sterben.

Ad perpetuam memoriam.
Zum immer währenden Gedächtnis.

Ad pias causas.
Zu frommen Zwecken. – D.i. namentlich für Arme, Kirchen und Schulen.

Ad posteriora.
Auf den Hinteren.

Ad referendum.
Zur Berichterstattung.

Ad rem nihil facit.
Das gehört nicht zur Sache.

Ad turpia nemo obligatur.
Zu Schimpflichem ist niemand gezwungen.

Ad unum omnes.
Alle ohne Ausnahme.

Ad valorem.
Nach dem Werte.

Ad valvas curiae.
An die Rathaustüren. – Eine dort anzuschlagende Bekanntmachung.

Adversa fortuna.
Mit widrigem Schicksal. – Missgeschick.

Adversa pars.
Die Gegenpartei.

Adverso flumine (auch: **adverso vento**).
Mit widriger Strömung, widrigem Winde.

Adversus necessitatem ne dii quidem resistunt.
Der Notwendigkeit widerstehen nicht einmal die Götter.

Adversus omnes alios hostile odium.
Gegen alle anderen feindlicher Hass.

Advocati ecclesiae.
Die Anwälte der Kirche.

Advocatus diaboli.
Der Anwalt des Teufels.

Ad vocem.
Das französische à propos.

Aequa lance.
Mit gleicher Waagschale. – D. h. unparteiisch.

Aequalitas non parit bellum.
Billigkeit (Gleichheit) erzeugt nicht den Krieg.

Aequam memento rebus in arduis servare mentem.
Gleichmut gedenke in Schwierigkeiten zu bewahren.

Aere et rore pastus.
Von Luft und Tau genährt.

Aere perennius.
Dauernder als Erz.

Aestimato capitis.
Schätzung des Hauptes.

Affirmantis probatio.
Des Behauptenden Beweis. – Wer etwas behauptet, muss es auch beweisen.

Agnus Dei.
Lamm Gottes.

Agnus Dei, qui tollis peccata mundi, miserere nobis!
Lamm Gottes, welches der Welt Sünde trägt, erbarme dich unser!

A Iove principium!
Von Jupiter der Anfang!

A latere.
Von der Seite.

Albus an ater sit, nescio.
Ob er weiß oder schwarz ist, weiß ich nicht. – Ich weiß nicht, wie er denkt.

Alea iacta est!
Der Würfel ist gefallen!

Alieni iuris homo.
Ein Mensch fremden Rechtes. – Das Gegenteil: Sui iuris homo. Ein Mensch eigenen Rechtes.

Alii sementem faciunt, alii metent.
Die einen säen, die andern ernten.

Aliis ne feceris, quod tibi fieri non vis.
Unser: Was du nicht willst, dass man dir tue, das füge auch keinem Andern zu.

A limine.
Von der Schwelle. – Weißt man einen Antrag a. l. zurück, so wird er gar nicht weiter in Beratung oder Erwägung genommen.

A linea.
Von der Schnur. – D. i. ein neuer Absatz, Paragraph.

Aliud sceptrum, aliud plectrum. (Sprichwort)
Etwas Anderes ist das Zepter, etwas Anderes die Leier. – Wer das eine handhaben kann, kann damit nicht auch das andere regieren.

Alma mater.
Die nährende Mutter. – Der Ausdruck diente ursprünglich zur Bezeichnung der Erde, wurde dann aber auf die Universität übertragen.

Alter ego.
Ein anderes Ich. – Nach Pythagoras gegebene Definition des Begriffes Freund. Der Ausdruck wird jetzt viel gebraucht zur Bezeichnung eines Stellvertreters.

Alter frenis eget, alter calcaribus.
Der eine bedarf der Zügel, der andere der Sporen.

Alterius non sit, qui suus esse potest.
Einem anderen gehöre nicht, wer sein eigener Herr sein kann.

Altius tollendi ius.
Das Recht des höheren Erhebens. – D. i. die Befugnis, auf seinem Grundstücke höhere Gebäude errichten zu dürfen, als die des Nachbarn sind.

Altum silentium.
Ein tiefes Schweigen.

A maiori ad minus.
Vom Größeren auf das Kleinere (schließen).

Ambages narras.
Du sprichst zweideutige Worte; du sprichst in Rätseln.

Amnantes, amentes.
Verliebt, verdreht. – Ein Wort des Terenz.

Amanti nihil difficile.
Dem Liebenden ist nichts schwer.

A. m. c. = a mundo condito.
Von Erschaffung der Welt.

Amicus Plato, sed magis amica veritas.

Plato ist mein Freund, doch mehr befreundet ist mir die Wahrheit. – Worte des Aristoteles; er will damit sagen, dass ihm die Wahrheit über alles geht.

Amicus populi Romani.

Freund des römischen Volkes. – Ein Ehrentitel, den die Römer befreundeten Fürsten, auch ganzen Nationen beilegten.

A minori ad maius.

Vom Kleineren auf das Größere (schließen).

Amor sceleratus habendi.

Die verbrecherische Habsucht. – Ausgang eines Hexameters in Ovids Metamorph.

Amor vincit omnia.

Die Liebe überwindet alles. – Diese Macht der Liebe drückten die Alten dadurch aus, dass sie den Liebesgott darstellten, wie er seinen Fuß auf den überwundenen Löwen setzt.

Amotae res.

Entwendete Sachen. – Die Bezeichnung wurde besonders für solche Sachen gebraucht, die Verwandte des Besitzers sich ohne Recht angeeignet hatten.

Anathema sit.

Er sei verflucht. – Androhung der Kirche für Ketzereien. Eigentlich war d. A. ein den Göttern dargebrachtes Weihgeschenk; wenn man nun aber Gott einen ketzerischen Menschen als Weihgeschenk darbringt, so kann man sich schon denken, was er mit diesem macht. Überdies bezeichnet A. auch ein Sühnopfer, das zur Besänftigung des göttlichen Zornes dem Untergange geweiht und für immer von der Erde vertilgt sein soll.

Angelica salutatio.
Engelsgruß. – D. i. Ave, Maria!

Anima animata.
Die belebte Seele. – Der lebendige Odem.

Anima mundi.
Die Seele der Welt, der Weltgeist.

Anima debet.
Er schuldet seine Seele, hat sie verpfändet.

Animarum dies.
Allerseelentag.

Animal disputax.
Ein Streithammel. – A. ist d. belebte Wesen.

Animo deliberato.
Mit gutem Vorbedacht, mit Überlegung.

Animus iniuriandi.
Die Absicht zu beleidigen.

An nescis, mi fili, quantilla prudentia mundus regatur?
Oder weißt du nicht, mein Sohn, wie mit geringem Verstande die Welt regiert wird?

Annus civilis.
Bürgerliches Jahr. – Der Gegensatz dazu ist a. ecclesiasticus, das Kirchenjahr.

Ante diem.
Vor dem Tage, vor der festgesetzten Zeit.

Ante mortem (obitum) nemo beatus.
Vor dem Tode ist niemand glücklich.

Antica expulsum postica recipere.

Das durch die Vordertür Hinausgewiesene durch die Hintertür wieder aufnehmen. – Gaben, die man öffentlich zurückweist, heimlich annehmen; Genüssen, die man öffentlich verschmäht, sich heimlich hingeben.

Apage, Satana!

Hebe dich weg von mir, Satanas!

A. p.

Abkürzung für: Anni Praesentis oder anni preteriti, das gegenwärtige (vergehende) Jahr.

Apices iuris.

Rechtsspitzfindigkeiten.

Apollini et Musis.

Apollo und den Musen (gewidmet). – Eine passende Inschrift für Theater und andere Kunsttempel, da Apollo und die Musen ja die Beschützer der schönen Künste waren.

A posse ad esse non valet consequentia.

Vom Können gilt kein Schluss auf das Sein.

A posteriori.

Von dem Späteren. – Mit diesem Attribut versteht man eine Erkenntnis, die erst aus der Erfahrung gewonnen wird. Das Gegenteil ist a priori, s. u.

A potiori fit denominatio.

Nach dem Hauptteile entsteht die Benennung.

Apparent rari nantes in gurgite vasto.

Es erscheinen Vereinzelte schwimmend im weiten Strudel. – Nach Vergil, Szene bei einem Schiffbruche.

A priori.
Von vorne herein. – Als solche bezeichnet man eine Erkenntnis, die man als von selbst im Menschen vorhanden bezeichnen will. Ob es solche überhaupt gibt, ist eine andere Frage. Nun wendet man diesen Zusatz häufig aber auch an im Sinne von »ohne weiteres, ohne weiteren Beweis«.

Aqua destillata.
Destilliertes Wasser.

Aqua et igne interdictus.
Jemand, dem Wasser und Feuer (Trank und Speise) untersagt ist, d. h. die Gastfreundschaft. – Die Formel der Acht bei den Römern.

Aqua haeret.
Das Wasser hängt. – D. h. es stockt in der Wasseruhr, die alsdann also den Menschen im Stiche läßt; daher gebraucht man den obigen Ausdruck für: in Verlegenheit sein.

Aqua vitae.
Lebenswasser; Branntwein.

Aquis submersus.
In Fluten versenkt. – Titel einer Novelle von Th. Storm.

Arare bove et asino. (Sprichwort)
Mit dem Stier und dem Esel pflügen. – D. h. etwas Verkehrtes tun, da diese beiden Zugtiere nicht zusammen passen.

Arare litus.
Den Strand pflügen. – D. h. eine vergebliche Arbeit.

Arbitrium divinum.
Göttlicher Ratschluss; a. iudicis, Ermessen des Richters.

Arcani disciplina.

Geheimmittellehre. Bezeichnung der Sitte der alten Kirche, Taufe, Abendmahl, Ölung, Glaubensbekenntnis und Gebet des Herrn vor den Ungetauften geheim zu halten, wie einst die heidnischen Mysterien vor den gewöhnlichen, nicht eingeweihten Menschen geheim gehalten wurden.

Arcus diurnus.

Tagbogen; a. nocturnus, Nachtbogen; a. triumphalis, Triumphbogen.

Arcus nimium tensus rumpitur. (Sprichwort)

Der zu sehr gespannte Bogen bricht; oder: Allzu straff gespannt, zerbricht der Bogen.

Ardua res vetustis novitatem dare, novis auctoritatem.

Ein gewaltiges Ding ist's, alten Dingen Neuheit, neues Gewicht zu verleihen.

Argumentum ad hominem.

Ein Beweisgrund für den Mann (berechnet). – Der ihn nach seiner ganzen Schaffenheit wird gelten lassen.

Argumentum baculinum.

Der Stockbeweis. – Bei Kindern häufig trotz aller Humanität der beste, ja einzig gültige.

Argumentum e(x) concessis.

Beweisgrund aus dem bereits Zugegebenen.

Argumentum e(x) contrario.

Beweisgrund aus dem Gegenteil. – Von dem man eben nachweisen kann, dass es ist, oder nicht ist – je nachdem.

Arma sunt paria.

Die Waffen sind gleich. – Eine beim studentischen Biertrinken gebräuchliche Erklärung, durch welche die Gleichheit des von jedem zu trinkenden Stoffes verkündet wird.

Ars longa, vita brevis.

Die Kunst ist lang, das Leben kurz. – Lateinische Übersetzung des Anfangs der »Aphorismen« des Hippokrates. Goethe wiederholt diesen Gedanken zweimal im ersten Teil des Faust. Wagner sagt zu Faust: Ach Gott! Die Kunst ist lang, und kurz ist unser Leben. Und ebenso sagt auch Mephisto vor der Schülerszene zu Faust: Die Zeit ist kurz, die Kunst ist lang.

Artes liberales.

Die freien Künste.

Artem non odit nisi ignarus.

Nur der Unwissende hasst die Kunst. – Inschrift des Neuen Museums in Berlin.

Asinus asino, et sus sui pulcher.

Der Esel erscheint einem Esel und das Schwein einem Schwein schön.

Asinus asinum fricat.

Ein Esel poliert den anderen.

Atra bilis.

Schwarze Galle. – Dieselbe galt früher als Ursache mancher Krankheiten, namentlich des Trübsinns, der daher Atrabilität genannt wurde.

Atracia ars.

Schwarzkunst. – So genannt nach der Stadt Atrax in Thessalien, die als die ureigentliche Heimat der Zauberei galt.

Attractiva (Attractentia) (remedia).

Anziehende, ableitende Mittel.

A. U.
Abkürzung für: anno urbis, im Jahre der Stadt (Rom).

A. u. c.
Abkürzung für: anno urbis conditae, im Jahre nach Erbauung der Stadt.

Audaces fortuna iuvat. (Sprichwort)
Den Kühnen hilft das Glück.

Audacter calumniare, semper aliquid haeret.
Verleumde nur keck, etwas bleibt immer haften.

Audentes fortuna iuvat.
Den Wagenden hilft das Glück. – S. o. Audaces.

Audiatur et altera pars.
Auch die andere Partei werde gehört.

Audi, vide, sile!
Höre, sieh und schweige!

Augurium bonum.
Eine gute Vorbedeutung.

Augustae historiae scriptores.
Die Schriftsteller der Augusteischen Geschichte.

Aula.
Der Hof. – Dieser war ursprünglich bei Palästen der Versammlungsort. Als später die Versammlungen in der Halle stattfanden, wurde diese Aula genannt.

A. u. s.
Abkürzung für: Actum ut supra, geschehen wie oben.

Aurea mediocritas.

Die goldene Mittelmäßigkeit. – Entspricht dem Sinne nach »Die goldene Mitte«.

Auri sacra fames.

Der verruchte Hunger nach Gold.

Aurora musis amica.

Der Morgen ist den Musen hold.

Aut – aut.

Entweder – oder.

Aut Cesar, aut nihil.

Entweder Kaiser, oder nichts – war die Devise des Caesare Borgia.

Aut vincere, aut mori.

Entweder siegen oder sterben.

Autodiciae ius.

Das Recht des Selbstgerichts. – Dasselbe stand in minder wichtigen Angelegenheiten früher manchen Vereinigungen, noch heute dem Militär, zu.

Aut prodesse volunt, aut delectare poetae.

Entweder nützen, oder ergötzen wollen die Dichter – sagt Horaz in seiner Dichtkunst.

Ave, Caesar, morituri te salutant!

Heil dir, Kaiser, die Sterbenden grüßen dich! – Der Zuruf der Gladiatoren an den Kaiser Claudius.

Ave, Maria!

Gegrüßt seist du, Maria! – Der Gruß des Engels Gabriel an die Jungfrau.

Ave, pia anima!

Heil dir, fromme Seele! – die du überwunden hast. Inschrift auf Grabsteinen.

A verbis ad verbera. (Sprichwort)

Von Worten zu Schlägen. – Sinngemäß: von Worten zu Werken.

B

Barbarus hic ego sum, quia non intelligor ulli.
Ein Barbar bin ich hier, weil ich von keinem verstanden werde.

Beatae memoriae.
Glücklichen (Seligen) Andenkens.

Beati possidentes.
Glücklich (sind) die Besitzenden. – Das Wort betont das Glück des wirklichen Besitzes im Gegensatz zum Streben nach demselben. Auch wir erkennen dies ja an, wenn wir sagen: Eine Taube in der Hand gilt mehr als zehn auf dem Dache, – und wie derartige Sprichwörter noch lauten.

Beatus ille, qui procul negotiis.
Glücklich der, welcher fern von Geschäften (vom Strome der Welt) – meint Horaz.

Bella gerant alii, Protesilaus amet. (Ovid)
Kriege mögen andere führen, Protesilaus liebe. – Protesilaus sprang vor Troja von allen Griechen zuerst ans Land und ward auch zuerst getötet. Als seine Gattin Laodameia den Tod ihres Gemahls erfuhr, ward sie von großer Trauer ergriffen, dass die Götter aus Mitleid ihre Bitte erhörten und dem Protesilaus die Rückkehr in die Oberwelt gestatteten. Als er dann wieder in die Unterwelt zurückkehrte, starb seine Gattin mit ihm.

Bella garant alii, tu, felix Austria nube;
Nam quae Mars aliis dat tibi regna Venus.

Mögen andere Kriege führen, du, glückliches Österreich, freie; Denn die Reiche, welche anderen Mars gibt, gibt dir Venus. – Das Distichon, welches übrigens nach dem obigen Ovidischen Verse gebildet ist, enthält eine Anspielung auf die schnelle großartige Erweiterung, welche der österreichische Besitz besonders seit Max I. durch Heiraten erfahren hat.

Bellica columna.

Die Kriegssäule. – Dieselbe stand zu Rom vor dem Tempel der Bellona; bei einer Kriegserklärung wurde hier von den Fetialen die Zeremonie des Speerwurfes vorgenommen.

Bellum internecinum.

Vernichtungskrieg.

Bellum omnium contra (in) omnes.

Der Krieg aller gegen alle – war nach dem englischen Philosophen Hobbes der Zustand der Menschheit vor Bildung der menschlichen Gesellschaft; für den Pessimisten ist dies der Zustand aller Lebewesen.

Bene, bene, respondisti!

Gut, gut hast du geantwortet. – Mit diesem frohen Ausruf begrüßte ehemals wohl ein Examinator (oder Disputator) eine unerwartet gute Antwort seines Gegenüber.

Bene cogitata, si excidunt, non occidunt. (Syrus)

Das Wohlausgedachte geht nicht unter, wenn es aufhört.

Benedicamus Domino!

Preisen wir den Herrn! – Mit diesen Worten wird in der Fastenzeit und an einigen anderen Tagen der kathol. Gottesdienst geschlossen.

Benedicite!

Segnet! – So beginnt das Tischgebet, welches in den Klöstern bei den gemeinschaftlichen Mahlzeiten gesprochen wird, und ebenso der Gesang der drei Männer im feurigen Ofen, der nach dem Beschluss des Konzils zu Toledo (633) an den Festtagen der Märtyrer in Kirchen und Klöstern bei Strafe des Bannes zu singen ist.

Beneficia non obtruduntur.

Wohltaten drängt man nicht auf.

Beneficium competentiae.

Die Wohltat der Kompetenz. – Das Recht des Schuldners auf den Teil seiner Habe, der ihm zum Lebensunterhalt nötig ist.

Beneficium inventarii.

Die Wohltat des Inventars. – Der Vorbehalt, kraft dessen ein Erbe seine Erbschaft nur auf Grund eines Inventarverzeichnisses antritt und dann für die etwaigen Schulden nur bis zum Werte des Inventars haftet.

Beneficium regale.

Eine königliche Gerechtsame.

Bene merens de re.

Der, welcher sich um eine Sache wohlverdient gemacht hat oder macht. – Daher bene merenti, dem Wohlverdienten.

Bene vale! – Bene valete!

Lebe wohl! – Lebet wohl!

Bene vixit, qui bene latuit.

Glücklich lebte, wer sich glücklich verborgen hielt. – Aus Ovids Tristen (III, 4, 25), ursprünglich ein Pythagoräischer Ausspruch.

Bibe! – Bibamus!
Trinke! – Lasst uns trinken!

Biduum.
Ein Zeitraum von zwei Tagen.

Bis dat, qui cito dat. (Sprichwort)
Doppelt gibt, wer schnell gibt.

Blamatus ille!
Der ist blamiert! – Küchenlatein, offenbar nach dem obigen Beatus ille etc. gebildet.

Bona fide.
In gutem Glauben.

Boni homines.
Gute Leute. – Bei den Franken: Edelleute und Freie. Auch hießen so die Mitglieder des englischen Ordens der Sackbrüder (gestift. 1259).

Bonis avibus.
Mit gnädigen Vögeln. – D. i. unter günstiger Vorbedeutung.

Bonorum cessio.
Freiwillige Güterabtretung.

Bonum avitum.
Stammgut.

Bonus eventus.
Guter Erfolg. – Das Gedeihen der Feldfrüchte.

Bonus vir semper tiro.
Ein guter Mensch (bleibt) immer Rekrut. – Das Wort ist von Goethe, ganz im Gegensatze zu seinem: Nur der Lump ist be-

scheiden; in die Sammlung seiner »Sprüche in Prosa« aufgenommen. Es stammt aus dem Martial (Epigr. XII, 51.) und bedeutet dort nach dem Zusammenhang: Der gute Mann bleibt immer Anfänger – weil nämlich seine Offenheit und Arglosigkeit ihn den verschiedensten Täuschungen aussetzt.

Brachylogus iuris civilis.
Kurze Darstellung des bürgerlichen Rechtes.

Brevi manu.
Kurzer Hand; ohne Umstände.

C

Caesar ad Rubiconem! (Sprichwort)
Cäsar am Rubikon! – Pflegt man wohl vor einer wichtigen Entscheidung auszurufen; es hat etwa dieselbe Bedeutung wie: Herkules am Scheidewege.

Caesar citra Rubiconem!
Cäsar diesseits des Rubikon! – Ruft man dem zu, der eine schwierige Entscheidung getroffen.

Caesar non supra grammaticos.
Der Kaiser (steht) nicht über den Grammatikern. – Das Wort soll aus der Zeit des Kostnitzer Konzils stammen, wo Kaiser Sigismund zur großen Heiterkeit der gelehrten Kirchenfürsten das Wort Schisma nicht nur als Femininum gebrauchte, sondern, als er auf seinen Irrtum aufmerksam gemacht wurde, befehlen wollte, dass man es in Zukunft so gebrauchen solle. Man lehnte die Befolgung dieses Befehles mit obigen Worten ab.

Calumniare audacter.
S. o. Audacter cal.

Capita aut navim!
Köpfe oder Schiff! – Ein römisches Spiel gleich unserem: Kopf oder Wappen! Man warf dabei ein As oder eine Teilmünze des As, auf deren einer Seite sich der Kopf eines Gottes oder einer Göttin, auf deren andrer sich ein Schiffsschnabel befand, in die Höhe.

Capite censi.

Die nach dem Kopfe Geschätzten. – In Rom diejenigen, deren Vermögen zur Entrichtung von Steuern und zur Ableistung des Kriegsdienstes zu gering waren.

Capitis deminutio.

Verminderung des persönlichen Ansehens. – Dieselbe trat in Rom ein, wenn jemand die Freiheit, das Bürgerrecht oder die Familie (durch Adoption oder – bei Mädchen – durch Vermählung) verlor. Man unterschrieb 1. Capitis deminutio maxima, 2. Media, 3. Minima, d. i. größte, mittlere, geringste Verminderung.

Captatio benevolentiae.

Haschen nach Wohlwollen durch berechnete Redewendungen.

Caput mortuum.

Totes Kapital.

Caput perfricare. (Cicero)

Den Kopf kratzen. – Nachdenklich sein.

Carpe diem!

Genieße den Tag! – Ein Mahnwort des Lebemannes Horaz (Oden I, 11, 8).

Casus belli.

Kriegsfall. – Der Fall, in welchem ein Staat sich veranlasst sieht, einem andern den Krieg zu erklären.

Casus foederis.

Bündnisfall. – Die Umstände, unter denen ein Bündnis zur Geltung kommt.

Causa aequat effectum.
Die Ursache kommt der Wirkung gleich.

Causa efficiens.
Die wirkende Ursache. – Etwa von gleicher Bedeutung wie das folgende (c. movens).

Causa (caussa) iusta. – Causa movens.
Gerechte Ursache. – Die treibende Ursache.

Causa proxima.
Die nächste Ursache.

Cave, adsum!
Hüte dich, ich bin da!

Cave canem!
Hüte dich vor dem Hund.

Cedant arma togae, concedat laurea laudi.
Es weichen die Waffen der Toga (dem bürgerlichen Kleide), es weiche auch der Lorbeer dem Lobe. – D. h. der Kampf höre auf und der Friede komme zu seinem Rechte. (Cic. in Pis. 29 u. 30.)

Cedo maiori.
Ich weiche dem Größeren. – D. h. Ich mache ihm Platz, oder: Ich füge mich ihm.

Cedo nulli.
Ich weiche keinem. – Also: Mir kann keiner!

Censura ecclesiastica.
Die geistliche Strafgewalt.

Certum, quia impossibile est.

Es ist gewiss, weil es unmöglich ist. – Das Wort wird angewendet zur Bekräftigung der Wahrheit christlicher Lehren. Der Gedankengang ist: Wie sollten Menschen Unmögliches als geschehen hinstellen, wenn es nicht wirklich geschehen wäre? Wollten sie einmal Erfundenes erzählen, dann hätten sie doch wohl auf die Wahrscheinlichkeit Rücksicht genommen. – S. u. Credo, quia etc.

Cessante causa cessat effectus.

Mit der Ursache hört auch die Wirkung auf.

Ceteris paribus.

Unter sonst gleichen Bedingungen.

Ceterum censeo Carthaginem esse delendam.

Übrigens meine ich, Karthago müsse zerstört werden. – Beständiger Schlusssatz der Senatsreden des älteren Cato, daher sprichwörtlich für stetiges Zurückkommen auf eine dringend nötige Maßregel. In diesem Sinne sagt man auch bloß: Ceterum censeo.

Cf. u. cfr. = confer.

Vergleiche.

Cingulum militare.

Der rotlederne Wehrgürtel, durch den das Oberkleid der römischen Militärbeamten zusammengehalten ward.

Circulus aequinoctialis.

Der Nachtgleichenkreis. – D.i. der Äquator; c. horarius, der Stundenkreis; c. meridionalis, Mittagskreis.

Circulus in demonstrando (auch in probando oder c. citiosus).

Zirkelschluss. – Wenn die aufgestellte Behauptung wieder zum Beweise ihrer eigenen Wahrheit herangezogen wird.

Cis und Trans.

Diesseits und Jenseits. – Man bezeichnet damit oft die beiden Reichshälften Österreich-Ungarns, wo dann die Leitha als Scheide gelten muss.

Citato loco.

An der angeführten Stelle. – Abgek.: c. l. oder a. a. O.

Cito ignominia fit superbi gloria. (SYRUS)

Schnell wird Schande für den Hochmütigen zum Ruhme. – Er bildet sich etwas ein auf Dinge, die durchaus nicht zum Lobe gereichen.

Cito! – Citissime.

Schnell! – Aufs Schnellste. – Früher auf Briefen gebräuchlich.

Cito, tuto, iucundo.

Schnell, sicher, angenehm.

Civis Romanus sum.

Ich bin römischer Bürger. – Ein Ausdruck des Selbstbewusstseins, mit dem der römische Bürger sich auf seine Rechte berief.

Clamitat ad coelum vox sanguinis et Sodomorum, Vox opressorum, viduae, pretium famulorum.

Es schreit zum Himmel die Stimme des Bluts und der Sodomiter, Die Stimme der Unterdrückten, der Witwe, der Lohn der Diener. – Zwei Hexameter, in denen die alte Dogmatik die so genannten himmelschreienden Sünden bezeichnet hatte.

Clam, vi aut precario.

Heimlich, durch Gewalt oder bittweise. – Eine juristische Formel. Wer auf solche Weise besitzt, kann sich nicht auf Verjährung berufen, wenn der rechtmäßige Besitzer sein Eigentum in Anspruch nimmt.

Clara voce.
Mit heller Stimme.

Clarissimus vir.
Hochberühmter (berühmtester) Mann. – Der Titel der römischen Senatoren zur Zeit der Republik.

Classici autores.
Klassiker. – Classici hießen zunächst die zur classis (Flotte) gehörigen Bürger, d. h. die, welche die Flotte zu stellen hatten, also die Bürger der ersten Klasse. Hiernach besonders die Schriftsteller ersten Ranges nach dem Kanon der alexandrinischen Grammatiker.

Claudianum senatus consultum.
Beschluss des Kaisers Claudius, dass eine Freie, welche trotz dreimaliger Verwarnung eine Ehe mit einem Sklaven eingehe, samt ihrem Vermögen dem Herrn des Sklaven gehören solle. Wegen häufigen Missbrauchs ward dieser Beschluss durch Justinian wieder aufgehoben.

Claudicatio spontanea.
Freiwilliges Hinken.

Claudite iam rivos pueri; sat prata biberunt. (Vergil)
Schließt nun die Rinnen, Knaben; die Wiesen haben genug getrunken (sind nass genug).

Claves St. Petri.
Die Schlüssel des heiligen Petrus.

Cloaca Maxima.
Der noch aus dem Altertum erhaltene Abzugkanal in Rom.

Codex Iustinianeus.
Das Buch des Justinianus. – D. i. die Gesetzessammlung, wel-

che dieser Kaiser veranstaltete, die noch heute unter dem Namen »Corpus iuris« vorhanden ist.

Coelum, non animum mutant,
qui trans mare currunt. (Horaz)
Den Himmelsstrich, nicht den Charakter (Geist) wechseln diejenigen, welche übers Meer gehen.

Coge (compelle) intrare.
Nötige sie hereinzukommen.

Cogito, ergo sum.
Ich denke, also bin ich. – Als unstreitbare Wahrheit und unwiderleglichen Beweis für sein Dasein stellte Descartes (Cartesius) diesen Satz an die Spitze seines Systems.

Columnae Herculis.
Säulen des Herkules. – D. i. die Meerenge von Gibraltar.

Columnae itinerariae.
Meilenzeiger.

Columna rostrata.
Die mit Schiffsschnäbeln (rostra) geschmückte Säule auf dem Forum zu Rom, welche zu Ehren des von Gajus Duilius über die Karthager erfochtenen ersten Seesieges errichtet war.

Commercium exest, initium fidelitatis (incipit fidelitas).
Die Verhandlung ist aus, Anfang des zwanglosen Verkehrs. – Beim Bierkommers wird mit dieser Formel, die übrigens zum Teil neulateinisch ist, das Ende der offiziellen Versammlung verkündet.

Compassio Beatae Mariae Virginis.
Maria Schmerzensfeier.

Concedo.
Ich stimme bei.

Conceptio immaculata beatae Virginis.
Die unbefleckte Empfängnis der glücklichen (gebenedeiten) Jungfrau.

Concilium medicum.
Eine ärztliche Zusammenkunft (Beratung).

Concordia discors.
Zwieträchtige Eintracht.

Concordia parvae res crescunt, discordia maximae dilabuntur.
Durch Eintracht wachsen kleine Dinge, durch Zwietracht zerinnen die Größten. (Ausspruch des Sallust).

Concursus ad delictum.
Mitwirkung zum Vergehen.

Conditio sine qua non.
Bedingung, ohne welche nicht eine Sache geschehen kann.

Confer.
Vergleiche; abgekürzt: cf. Oder cfr.

Confessio.
Bekenntnis, Geständnis. Confessio Augustana, Augsburgische Confession (Bekenntnis).

Confessionis sigillum.
Beichtsiegel. – Es ist die Pflicht des Priesters, über die Bekenntnisse, welche ihm in der Beichte abgelegt werden, Verschwiegenheit zu bewahren.

Confluxus, concursus hominum.
Ein Zusammenströmen, eine Versammlung von Menschen.

Consensus omnium.
Die Beistimmung (Übereinstimmung) aller.

Consentes Dii.
Die zwölf griechisch-italischen Götter, welche den höheren Götterrat bildeten; sechs männliche: Jupiter, Neptun, Mars, Apollo, Vulkan, Merkur; sechs weibliche: Juno, Minerva, Venus, Diana, Besta, Ceres. Consentia, die alte Bundeshauptstadt der Lukaner und dann der Bruttier war nach ihnen benannt; es ist das heutige Consenza.

Consentio.
Ich stimme bei.

Consilia evangelica.
Sittliche Vorschriften, zu deren Verfolgung der Christ nach Lehre der römischen Kirche zwar nicht verpflichtet ist – das sind praecepta –, deren Verfolgung aber doch sehr heilsam ist, weil dadurch ein besonderes Verdienst erworben wird.

Consilium abeundi.
Der Rat abzugehen – nämlich von der Universität.

Consortes litis.
Streitgenossen bei einem Rechtsstreit.

Constituio criminalis Carolina.
Halsgerichtsordnung Karls V.

Consuetudo quasi altera natura.
Gewohnheit (ist) gleichsam eine zweite Natur.

Contenti estote.
Seid zufrieden.

Contradictio explicita.

Offenbarer (mit Worten ausgesprochener) Widerspruch zweier Sätze.

Contradictio implicita.

Versteckter Widerspruch zweier Sätze.

Contradictio in adiecto.

Widerspruch im Beiworte. – Z. B. eine viereckige Kugel.

Contra legem (leges).

Wider das Gesetz (die Gesetze).

Contraria contrariis curantur.

Entgegengesetztes wird durch Entgegengesetztes geheilt, ein Bestreben, welches von den Homöopathen den Allopathen zugeschrieben wird.

Contra sextum sc. Praeceptum.

Vergehen wider das sechste Gebot.

Conventio in manum.

Gelangen in die Gewalt. – Der Akt der Verehelichung bei den Römern, durch den die Braut der Gewalt des Vaters entzogen und in diejenige des Mannes gegeben wurde.

Coram notario et testibus.

Vor Notar und Zeugen.

Coram populo (publico).

Vor dem Volk (Publikum).

Coram senatu.

Vor dem Senat.

Cornu copiae.

Füllhorn.

Corona civica.

Bürgerkrone. – Ein Kranz aus Eichenlaub mit der Inschrift: Ob civem servatum (für Errettung eines Bürgers) wurde dem römischen Bürger überreicht, der einem Mitbürger in der Schlacht das Leben gerettet hatte. Sie gewährte auch noch besondere Ehrenrechte.

Corona muralis.

Mauerkrone. – Gewöhnlich von Gold mit zinnenartigen Verzierungen; sie wurde demjenigen gegeben, der zuerst im Sturm die Mauern einer Stadt erstieg.

Corona navalis (classica, rostrata).

Schiffskrone. – Für denjenigen bestimmt, der im Seetreffen zuerst an Bord eines feindlichen Schiffes sprang. Sie war von Gold, und ihre Verzierungen hatten die Gestalt von Schiffsschnäbeln.

Corona obsidionalis.

Belagerungskrone. – Ein Kranz, der für den Feldherrn, welcher eine belagerte Stadt entsetzte, oder ein eingeschlossenes Heer befreite, aus Gras geflochten wurde, das am Schauplatze seiner Heldentat gewachsen war; daher wird sie auch Corona graminea, Graskranz, genannt.

Corona triumphalis.

Triumphkrone. – Sie wurde dem Feldherrn verliehen, der bei selbstständiger Kriegsführung durch glücklich beendeten Krieg die Grenzen des römischen Gebietes erweitert hatte. Waren die Bedingungen für den Triumph nicht alle erfüllt, sollte der Feldherr aber doch ausgezeichnet werden, so erhielt er die C. ovalis, d.h. die Anerkennungskrone. Sie war aus Myrtenzweigen, die Triumphkrone dagegen aus Lorbeerzweigen geflochten.

Corpus Christi.
Frohnleichnamstag.

Corpus delicti.
Gegenstand des Vergehens.

Corpus iuris.
Rechtskörper. – Name gewisser Gesetzessammlungen, insbesondere die auf Justinians Anordnung vorgenommene Sammlung römischer Gesetze.

Corpus vile.
Der verächtliche Körper. – So wird der Körper, der vergänglich ist, genannt im Gegensatz zum Geiste.

Corr. Corr. Imp. d. h. correctis corrigendis imprimatur.
Nach Verbesserung der Fehler möge es gedruckt werden.

Correctio fraterna.
Brüderliche Zurechtweisung.

Correus debendi – C. credendi.
Mitschuldner – Mitgläubiger.

Crambe repetita.
Wiederholter (aufgewärmter) Kohl.

Cras legam.
Ich werd's morgen lesen. – Eine Bezeichnung für nachteiligen Aufschub. Die Geschichte kennt ja eine ganze Reihe hierhergehöriger Anekdoten.

Crassa Minerva.
Eigentl.: Plumpe Minerva; als Ablativ: von schlichtem Menschenverstande.

Credat Iudaeus Apella.

Das mag der Jude Apella glauben. – Der Jude Apella steht für leichtfertigen Aberglauben.

Credo quia absurdum.

Ich glaube es, weil's ungereimt ist; ebenso wie:

Credo, quia impossibile – v. Certum quia etc.

Ich glaube es, weil's unmöglich ist. – Grundsatz einiger Kirchenväter wie Tertullian und Augustin. Den dem menschlichen Verstande nicht fassbaren Lehren des Christentums gegenüber war das ein ganz bequemes Mittel. Eben weil die Lehren dem gewöhnlichen Menschenverstande widersprechen, waren sie von diesem nicht erfunden, waren sie höheren Ursprunges und also wahr.

Crescentem sequitur cura pecuniam.

Je mehr Geld, desto mehr Sorge. (Horaz, Oden)

Crimen laesae maiestatis.

Eigentl.: Verbrechen der verletzten Majestät, Majestätsverbrechen.

Crimen sacrilegii.

Kirchenraub.

Cruci fixus – affixus.

Ans Kreuz geheftet, geschlagen. – Daher Kruzifix, ein Kreuz mit dem Gekreuzigten.

Cruralis arteria, - nervus, - vena.

Oberschenkelschlagader, -nerv, -blutader.

Crux interpretum.

Kreuz der Erklärer. – D. i. eine schwer zu erklärende Stelle eines Schriftstellers.

Cui bono?

Wem zu Nutz? – L. Cassius gab den Richtern die Weisung, bei Mordtaten erst zu forschen, wer Nutzen von dem Verbrechen habe, und danach ihre Untersuchung einzurichten.

Cuius regio, eius religio.

Wessen das Land (ist), dessen (ist) die Religion. – D. h., der hat über die Religion zu bestimmen. Dieser Rechtsgrundsatz kam in der Reformationszeit auf, das war der Begriff der religiösen Freiheit jener Zeit.

Cum beneficio inventarii.

Mit der Wohltat, des benefic. inv. (s. o. Benef. etc.)

Cum clausula.

Mit Klausel. – D. i. mit einschränkender Bedingung.

Cum Deo et die.

Mit Gott und dem Lichte (Tage).

Cum grano salis.

Mit einem Körnchen Salz (Witz, Verstand) – ist das Gesagte aufzufassen, nicht wörtlich zu nehmen.

Cum infamia.

Mit Schande.

Cum laude.

Mit Lob; mit Auszeichnung.

Cumulatio actionum.

Klagenhäufung.

Curae minores (leves).

Die kleineren (leichten) Sorgen.

Curator perpetuus.
Der ständige Sachwalter für einen dauernd Entmündigten.

Curriculum vitae.
Lebenslauf.

Curulis sella, gewöhnlich **sella Curulis.**
Der curulische Sitz. – Eine Auszeichnung der höchsten römischen Beamten. Diesen Sitz, der vier kreuzweise gestellte gekrümmte Füße hatte, nahmen die Beamten auch mit ins Feld und saßen auf ihm bei allen Amtshandlungen.

D

Damnatur.
Er wird verdammt (verurteilt). – Formel für die Verurteilung eines Buches durch die Zensur; Gegenteil von imprimatur, es werde gedruckt.

Damnum in mora.
Schaden im Verzuge.

Dat, donat dedicat.
Es gibt, schenkt, widmet. – Abgekürzt: d. d. d. Inschrift auf den Göttern dargebrachten Weihgeschenken; heute wohl noch auf Dedikationen und Formel der Dedikation bei lateinischen Schriften.

Dat Galenus opes, dat Iustinianus honores, Pauper Aristoteles cogitur ire pedes.
Es gibt Galenus Schätze, Justinians Ehren, der arme Aristoteles ist gezwungen zu Fuß zu gehen. – Galenus ist hier Repräsentant der ärztlichen Kunst, Justinian der Rechtskunde, Aristoteles der Philosophie. In betreff des Galenus und des Aristoteles hat das Wort noch heute Geltung, dahingegen kann Justinian sich heute neben den Ehrenstellen auch Schätze sammeln.

Dat veniam corvis, vexat censura columbas.
Die Zensur (staatliche Aufsicht) läßt den Raben (dem diebischen schädlichen Geschmeiß) Gnade widerfahren, die Tauben (ehrliche unschädliche Leute) bedrückt sie.

Davus sum, non Oedipus. (Sprichwort)

Davus bin ich, nicht Oedipus. – Davus ist Figur einer Komödie des Terenz, ein beschränkter Sklave, der sich nicht für fähig hielt, Rätsel zu erraten, wie weiland Oedipus. Er gibt diese Antwort auf eine ihm unverständliche Auseinandersetzung seines Herrn.

Debitum.

Schuld, Schuldigkeit. – Also: d. coniugale, eheliche Pflicht; d. proprium, eigene Schuld im Gegensatz zu d. alienum, fremde Schuld.

Decies repetita placebit.

Zehnmal wiederholt wird's gefallen. (Horaz)

Decretum Divi Marci.

Das Dekret des göttlichen Mark (Aurel). – Dieses verbot die eigenmächtige Pfändung.

De dato.

Vom Tage der Ausfertigung an.

Deductis deducendis.

Nach Abzug des Abzuziehenden; aber: Nach Beweis des zu Beweisenden, da deducere auch »beweisen« heißen kann. – D. impensis, nach Abzug der Kosten; deducto aere alieno, nach Abzug der Schulden.

De facto.

Tatsächlich; de facto et absque iure, eigenmächtig und widerrechtlich.

Defensor fidei.

Beschützer des Glaubens. – Ehrentitel Heinrichs VIII. von England, der demselben verliehen wurde für seine Streitschrift wider Luther.

Deficiente pecu – deficit omne, nia.
Bei mangeldem Gelde mangelt alles. – Das Wort pecunia ist auseinandergerissen, damit der Vers möglich werde. Angeblich soll derselbe von dem altrömischen Dichter Ennius stammen.

Defunctus = Dft.
Der Gestorbene.

De gustibus non est disputandum. (SPRICHWORT)
Über den Geschmack ist nicht zu Streiten.

De hodierno die.
Vom heutigen Tage an.

Dei gratia.
Von Gottes Gnaden. – Seit dem fünften Jahrhundert setzten die Kirchenfürsten diese Formel vor ihren Titel; von der Geistlichkeit hat dann Pippin der Kleine diese Sitte angenommen.

De integro.
Von neuem.

De iure.
Von Rechtswegen.

Del. = Deleatur.
Es werde getilgt (auf Korrekturbogen).

Del. = Delineavit.
Es hat gezeichnet (unter Kupfer- und Stahlstichen).

De lege ferenda.
Über das zu erlassende Gesetz.

Deliciae generis humani.
Das Entzücken des Menschengeschlechts. – Beiname des römischen Kaisers Titus.

Delirium tremens.
Säuferwahnsinn.

Dementia senilis.
Greisentorheit. – Das oft mit dem Greisenalter verbundene kindische Wesen.

Demonstratio a baculo ad angulum.
Der Beweis vom Stock zum Winkel. – (S. argumentum baculinum.)

Demonstratio ad oculos.
Klarlegung vor Augen. – Der durch Augenschein bewirkte Beweis.

De mortuis nil nisi bene.
Über die Toten nur Gutes. – Sie können sich ja nicht verteidigen.

Demtis demendis.
Nach Abzug des Abzuziehenden.

De nihilo nihil.
Aus nichts wird nichts.

Denominandi ius.
Das Ernennungsrecht (Präsentationsrecht) – bei der Besetzung von Ämtern.

De novo.
Von neuem.

Deo adnuente (annuente, auch favente oder iuvante).
Mit Gottes Willen (Hilfe); so Gott will.

Deo gratias.
Gott sei Dank.

De omnibus dubitandum est.
An allem ist zu zweifeln.

De omni re scibili et quibusdam aliis.
Über alles Wissenswerte und einiges Andere weiß er zu reden.

De plano.
Obenhin, ohne Umstände.

De profundis.
Aus der Tiefe. – Anfang des 130. Psalms, der in der katholischen Kirche als Bußpsalm und für Gestorbene gesungen wird.

De rato.
Nach Beschluss.

De rebus omnibus et quibusdam aliis.
Über alle Dinge und einiges Andere. – Unser: Er kennt die ganze Welt und noch sieben Dörfer.

Desinant maledicere, facta ne noscant sua.
Mögen sie aufhören zu schmähen, damit sie nicht ihre eigenen Taten kennen lernen. – Wer ihre Schmähungen mit anhört, wird schließlich bewogen, ihnen ordentlich die Wahrheit zu sagen.

Desunt cetera.
Das Übrige fehlt.

Desunt inopiae multa, avaritae omnia. (Sprichwort)
Der Armut fehlt vieles, der Habsucht alles.

De te fabula narratur mutato nomine.
Mit geändertem Namen handelt die Geschichte von dir.

De tribus impostoribus.
Von den drei Betrügern.

De tripode dictum.
Vom Dreifuß herab gesprochen. – D. h. ein orakelmäßiger dunkler Ausspruch, gleich den Antworten, welche die Apollopriesterin Pythia zu Delphi den Fragenden erteilte. Herr, dunkel ist der Rede Sinn; sagen wir in diesem Falle nach Schiller.

Deus det!
Gott wolle (es) geben.

Deus ex machina.
Gott aus der Maschine. – Eine nach der späteren griechischen Tragödie (seit Euripides) entstandene Bezeichnung; dort wurde häufig der Knoten durch das plötzliche unmotivierte Erscheinen eines Gottes gelöst.

Deus misereatur nobis.
Gott erbarme dich unser.

Deus nobis haec otia fecit.
Gott hat uns diese Muße geschaffen.

Deus omen avertat!
Gott wende die schlimme Vorbedeutung ab! – Unser: Das wolle Gott verhüten!

Dextro tempore.
Zu rechter Zeit.

Di (dii) bene vertant, tene crumenam.
Mögen die Götter (es) glücklich wenden, nimm den Geldbeutel, auf diese Weise kannst du glücklichem Erfolge beitragen.

Di tibi dent annos! A te nam caetera sumes; Sint modo virtuti tempora longa tuae. (Ovid)
Mögen die Götter dir Jahre geben! Denn von dir wirst das Übrige empfangen; es seien nur für die Tugend deine langen Jahre (Zeiten) da.

Dic, cur hic.
Sage, wozu du hier bist. – D. h. denke an den Zweck deines Hierseins.

Dicis causa (gratia).
Des Scheines halber. – D. h. nur um die Formalien zu beobachten.

Dicta a maioribus repetunt minores. (Sprichwort)
Das von den Alten Gesagte wiederholen die Jungen.

Dicto anno – Dicto die.
Im genannten Jahre – Am genannten Tage.

Dictum de dicto.
Gesagtes zum Gesagten. – Erzählung nach Hörensagen.

Dictum de reciproco.
Aussage nach dem Wechselverhältnis (Logik); z. B. gehören die Löwen zu den Säugetieren, so gibt es auch einige Säugetiere, welche Löwen sind.

Dictum, factum. (Sprichwort)
Gesagt, getan.

Diem perdidi, amici.

Ich habe einen Tag verloren, Freunde! – rief nach Sueton einmal der Kaiser Titus bei Tafel aus, als ihm einfiel, dass er an jenem Tage keinem etwas Gutes getan habe.

Diem vesper commendat. (Sprichwort)

Den Tag lobt der Abend.

Dies diem docet. (Sprichwort)

Ein Tag lehrt den anderen.

Dies dolorem minuit.

Der Tag (die Zeit) vermindert den Schmerz.

Dies irae, dies illa.

Der Tag des Zornes, jener Tag. – Anfang des lateinischen Hymnus auf das Weltgericht, dem eine Stelle des Propheten Zephania zu Grunde liegt. Der Franziskaner Thomas v. Celano gilt als Verfasser (13. Jahrh.).

Dies nefastus.

Ein unerlaubter Tag. – D. h. ein Tag, an dem keine Gerichtssitzung stattfinden durfte.

Difficile est satiram non scribere.

Es ist schwer, kein Spottgedicht zu schreiben. – Nämlich bei gewissen Verhältnissen.

Dignum laude virum musa vetat mori.

Einen lobenswerten Mann läßt die Muse nicht sterben.

Dii minorum gentium.

Die Götter der kleineren Volksstämme. – Also die Götter zweiten Ranges. Das Gegenteil sind Dii maiorum gentium.

Dimidum plus toto. (Sprichwort)

Die Hälfte ist mehr als das Ganze. – Wenn man jene nämlich hat und diese nur in Aussicht ist. Wir sagen: Ein Sperling in der Hand ...

Diminutio

S. o. Capitis deminutio.

Dira necessitas.

Die schreckliche Notwendigkeit.

Diruit, aedificat, mutat quadrata rotundis.

Er zerstört, er baut, er vertauscht das Viereckige mit dem Runden. – Er liebt die Abwechslung.

Discipulus est prioris posterior dies.

Ein Schüler des vorigen ist der folgende Tag.

Discite iustitiam moniti, et non temnere divos. (Vergil)

Lernet auf meine Ermahnung die Gerechtigkeit kennen und nicht die Götter verachten.

Discordia maximae dilabuntur.

Siehe Concordia parvae res crescunt etc.

Discrepant facta cum dictis. (Cicero)

Die Tatsachen stimmen nicht mit den Reden überein.

Disiecta membra.

Verstreute Glieder. – Eigentlich sagt Horaz: Disiecti membra poetae, des verstreuten Dichters Glieder; diese, meint er, sind selbst im verstümmelten Zustande noch zu erkennen, d. h.: Auch in Worten, deren Rhythmus zerstört ist, erkennt man noch das Dichterwort.

Divide et impera.

Teile und herrsche. – Eine bis in die neueste Zeit von großen Staatsmännern oft befolgte Regel.

Dixi et salvavi animam meam.

Ich habe gesprochen und meine Seele gerettet. – Das Wort jetzt häufig gebraucht im Sinne von: Ich habe meine Schuldigkeit getan, tu du nun, was du willst.

Docendo discimus.

Durch Lehren lernen wir.

Docti male scribunt.

Die Gelehrten schreiben schlecht.

Doctor im absentia.

Doktor in Abwesenheit. – So nennt man einen solchen, der lediglich auf eine wissenschaftliche Arbeit und seine Zeugnisse hin ohne mündliches Examen zum Doktor promoviert worden ist. Heute geht dies an deutschen Universitäten nicht mehr.

Doctor iuris utriusque (Dr. i. u.)

Doktor beider Rechte.

Dolus.

Betrug, List.

Domi manere convenit felicibus.

Zu Hause zu bleiben ziemt dem Glücklichen.

Domi mansit, lanam fecit.

Sie blieb zu Hause und spann Wolle. – Grabschrift einer guten Hausfrau.

Domine exaudi.

Gott (Herr), erhöre (mich)!

Domine, salvum fac regem (imperatorem).
Herr, mache (erhalte) den König (Kaiser) gesund.

Dominus vobiscum.
Der Herr sei mit euch.

Domi suae quilibet rex.
In seinem Hause ist jeder König.

Domitrix omnium patientia.
Bändigerin aller ist die Geduld; Geduld überwindet alles.

Domus propria domus optima.
Eigenes Haus bestes Haus. – Man hört wohl: Eigener Herd ist Goldes wert.

Dona praesentis cape laetus horae, et linque severa. (HORAZ)
Froh genieße die Gaben der gegenwärtigen Stunde und lasse das Ernste.

Donec eris felix, multos numerabis amicos; tempora si fuerint nubila, solus eris. (OVID)
Solange du glücklich bist, wirst du viele Freunde zählen; werden die Zeiten trübe, wirst du allein sein.

Donec impleat orbem.
Bis er den Erdkreis erfüllt.

Donum exitiale Minervae. (VERGIL)
Das verderbliche Geschenk der Minerva (Pallas). – Das hölzerne Pferd vor Troja.

Dos est magna parentum virtus.
Eine große Gabe ist die Tugend der Eltern. – Es ist ein Glück für den Menschen, wenn er tüchtige Eltern hat.

Do, ut des.
Ich gebe, damit du gibst. – Ich will meine Gaben nicht umsonst verschwenden.

Ducunt volentem fata, nolentem trahunt.
Den Willigen führt das Geschick, den Widerwilligen schleppt es. – Ein uns von Seneca in seinen Episteln überliefertes sehr wahres Wort des griechischen Philosophen Kleanthes.

Dulce est desipere in loco. (HORAZ)
Süß ist's, zu rechter Zeit töricht zu sein.

Dulce et decorum est pro patria mori. (HORAZ)
Süß und ehrenvoll ist's fürs Vaterland zu sterben.

Dulcia linquimus arva.
Die schönen Gefilde verlassen wir.

Dulcis amor patriae, dulce videre suos.
Süß ist die Liebe zum Vaterlande, süß, die Seinigen zu sehen.

Dulcis est malorum praeteritorum memoria.
Süß ist die Erinnerung vergangener Leiden.

Dum Aurora fulget, moniti adolescentes, flores colligite.
Solange die Morgenröte glänzt, ermahnte Jünglinge – (beachtet die Mahnung, ihr Jünglinge) – pflücket Blumen. – Unser Lied sagt: Brüder, lasst uns lustig sein, weil der Frühling währet. – Gaudeamus igitur, iuvenes dum sumus.

Dum fata sinunt, vivite laeti. (SENECA)
Solange das Geschick es zulässt, lebt fröhlich. – Also nur eine andere Wendung des Vorigen.

Dum ferrum candet, tundendum (est).
Solange das Eisen glüht, muss man es schmieden.

Dum loquor, hora fugit. (Ovid)
Während ich rede, entflieht die Stunde.

Dum Roma deliberat Saguntum perit. (Sprichwort)
Während Rom beratschlagt, fällt Sagunt. – Bekanntlich fiel Sagunt, weil die Römer mit fruchtlosen Verhandlungen die Zeit verloren, während Hannibal frisch drauflos handelte.

Dum spiro, spero. (Sprichwort)
So lange ich atme, hoffe ich.

Dum tacent, clamant.
Während sie schweigen, schreien sie. – Es ist das also ein beredetes Schweigen.

Dum vitant stulti vitia, in contraria currunt. (Horaz)

Während die Toren einen Fehler vermeiden, verfallen sie einem anderen. – Sie können einfach nicht die goldene Mitte einhalten.

Dum vivimus, vivamus.
Während wir leben, lasst uns leben (fröhlich sein). – Das war der Grundsatz der Epikuräer.

Dummodo sit dives, barbarus ipse placet. (Ovid)
Wenn er nur reich ist, gefällt selbst der Barbar.

Duobus ligitantibus tertius gaudet.
Wenn zwei sich streiten, freut sich der Dritte.

Duo cum faciunt idem, non est idem.
Wenn zwei dasselbe tun, ist es nicht dasselbe. – Es kommen da ja eben mancherlei Rücksichten in Frage.

Duplo.
Ums Doppelte.

In duplo.
In doppelter Anzahl.

Dura lex. Sed lex.
Ein hartes Gesetz aber (doch immer) ein Gesetz.

Durum et durum non faciunt murum.
Hart und hart machen keine Mauer. – Auch Schiller sagt: Wo Starkes sich und Mildes paarten, da gibt es einen guten Klang; und der Volksmund: Zwei harte Steine mahlen nicht gut zusammen.

Durum telum necessitas. (SPRICHWORT)
Ein hartes Geschoss ist die Notwendigkeit.

E

Ecce homo!

Sehet, welch' ein Mensch! – Die Worte des Pilatus, als er den mit Dornen gekrönten Jesus dem Volke zeigt. Dieser lateinische Ausdruck, welcher gewöhnlich unter den hierher gehörigen bildlichen Darstellungen steht, ist zur allgemeinen Bezeichnung derselben geworden.

Ecclesia militans.

Die streitende Kirche. – D. i. die mit den Mächten der Welt und der Hölle im Kampfe liegende Kirche.

E contra.

Vom Entgegengesetzten aus. Andrerseits.

Edere oportet, ut vivas, non vivere ut edas. (Cicero)

Man muss essen, um zu leben, nicht leben, um zu essen.

Edite. Bibite, collegiales! (Refrain eines Studentenliedes)

Esst und trinkt Genossen!

E flamma cibum petere. (Terenz)

Aus der Flamme Speise holen. – Das war ein Unternehmen, welches nur die Verzweiflung eingeben konnte; denn es sind hier die Nahrungsmittel gemeint, die dem Gestorbenen mit auf den Scheiterhaufen gelegt wurden.

Effugit mortem, quisquis contemserit, timidissimum quemque consequitur. (Curtius)

Es entgeht dem Tod, wer ihn verachtet, gerade den Furchtsamen ereilt er.

Ego ero post principa. (Terenz)

Ich werde hinter dem ersten Platze sein. Ich werde mich nicht vordrängen. – Denn solche Leute sind allerlei Anfeindungen ausgesetzt. Also: Sollen dich nicht die Dohlen umschreien, musst du nicht Knopf auf dem Kirchturm sein.

Ego sum, qui sum.

Ich bin, der ich bin. – Die Worte, mit denen Gott sich dem Moses offenbarte.

Eheu! Fugaces – labuntur anni. (Horaz)

Wehe! Flüchtig verrinnen die Jahre. – Eine Klage, die stets und überall wiederkehrt.

Eiusdem farinae.

Desselben Mehles. Gleicher Gattung.

Elephantem ex musca facis. (Sprichwort)

Du machst aus der Fliege einen Elefanten.

Ense et aratro.

Mit Schwert und Pflug. – Mit beiden so entgegengesetzten Werkzeugen wusste Cincinnatus zu hantieren.

En! »Amor Electis, Iniustis Ordinat Ultor«.

Sic Fridericus ego rex mea iura rego. Siehe! »Liebe waltet über die Auserwählten, über die Ungerechten der Rächer.« So führe ich, König Friedrich, meine Rechte. – Dieses Distichon soll Kaiser Friedrich III. auf einen schönen Schrank haben anbringen lassen, als jemand in der neuen Hofburg über den vom Kaiser zum Wahlspruch genommenen Vokalen: A. E. I. O. U. die Deutung geschrieben hatte: »Aller Erst Ist Oesterreich Verdorben.«

Eo ipso.

Gerade dadurch; dadurch zugleich.

Epicuri de grege porcum. (Horaz)
Von der Schweineherde des Epikur. – Die Epikuräer waren ja bekannt durch die Zügellosigkeit, mit der sie ihren Begierden folgten.

Epistola non erubescit. (Cicero)
Siehe auch: Litera etc. Ein Brief errötet nicht. – Deshalb werden einem Brief eben gar häufig – namentlich von feigen Leuten – Gedanken anvertraut, welche auszusprechen sie sich scheuen würden.

Eques ipso melior Bellerophonte. (Horaz)
Ein besserer Reiter als selbst Bellerophon. – Dieser war der Herr des Flügelrosses Pegasus.

Epistolae obscurorum virorum.
Briefe von Dunkelmännern. – Briefe der Reformationszeit, in denen die Missstände jener Zeit gegeißelt werden; als ihr Verfasser wird Hutten genannt.

Equus Seianus.
Ein Sejanisches Pferd. – Gn. Sejus fand im Jahre 44 durch Proskription seinen Tod. Er besaß ein prächtiges Pferd, das von den Pferden des Diomedes abstammen sollte. Dies gelangte nach seinem Tode der Reihenfolge nach in die Hände des Corn. Dolabella, Cassius, Antonius, welche sämtlich bald nacheinander getötet wurden. Ihr Schicksal schrieb man dem Besitze des Pferdes zu, der danach nicht minder verhängnisvoll war als derjenige des aus der nordischen Sage bekannten Ringes Andwaranaut.

Equus Troianus. (Cicero)
Das trojanische Pferd. – Eine versteckte Gefahr.

Ergo bibamus!
Also lasst uns trinken! – Refrain des Goetheschen Liedes: Hier sind wir versammelt zu löblichem Tun.

Eripe te morae! (Horaz)
Entreiß dich der Zögerung!

Eripuit coelo fulmen sceptrumque tyrannis.
Es entriss dem Himmel den Blitz und das Zepter des Tyrannen. – Mit diesem Verse, der übrigens nur eine Nachbildung ist von: Eripuit Iovi fulmen, viresque tonanti (Astronomicon libri V des Manilius) versah der französiche Minister Turgot die Medaille, welche er dem Franklin zu Ehren hatte prägen lassen.

Eris mihi magnus Apollo.
Du wirst mir ein großer Apollo sein. – Nämlich, wenn du mir diese Frage beantwortest. Apollo war ja der Gott der Weissagung.

Eritis sicut deus, scientes bonum et malum.
Ihr werdet sein wie Gott, wissend das Gute wie das Böse. – Die Versuchungsworte der Schlange in lateinischer Übersetzung.

Errare humanum est.
Irren ist menschlich.

Errata.
Irrtümer. – Gewöhnlich sind damit die Irrtümer des Setzers, die Druckfehler, gemeint.

E se finxit velut araneus.
Aus sich bildete er gleichwie die Spinne. – In gutem Sinne gesagt von einem Manne, der aus eigener Kraft Großes zustande gebracht hat; in Ironischem gebraucht von Leuten mit allzu lebhafter Einbildungskraft.

Esse quam videri malim.
Ich möchte lieber sein als scheinen.

Est deus in nobis, agitante calescismus illo.
Es ist ein Gott in uns, auf seine Anregung erglühen wir.

Est, est.
Es ist, es ist (nämlich vorhanden). – Überschrift des bekannten Gedichtes von W. Müller.

Est modus in rebus; sunt certi denique fines,
Quos ultra citraque nequit consistere rectum. (Horaz)
Es ist ein Maß in den Dingen; es gibt schließlich gewisse Grenzen, jenseits und diesseits welcher kein Recht mehr bestehen kann.

Est quaedam flere voluptas;
Expletur lacrimis, egeriturque dolor. (Ovid)
Ein gewisses Vergnügen ist es, zu weinen; es wird durch Tränen ausgefüllt und weggeschafft der Schmerz.

Esto quod esse videris.
Du sollst sein, was du zu sein scheinst.

Esuriente ne occuras.
Tritt dem Hungernden nicht entgegen. – D. h., um ihn zu hindern, sich Nahrung zu verschaffen; das würde ihn zu verzweifeltem Handeln treiben.

Et caetera.
Und das Übrige. – Gewöhnlich abgekürzt: etc.

E tenui casa saepe vir magnus exit. (Sprichwort)
Aus geringer Hütte geht oft ein großer Mann hervor.

Et facere et pati fortia Romanum est. (Livius)
Sowohl tapfer zu handeln als zu leiden ist römisch.

Et genus et formam regina pecunia donat. (Horaz)
Sowohl Geschlecht als Gestalt verleiht das königliche Geld.

Etiam innocentes cogit mentiri dolor. (Publius Syrus)
Auch die Unschuldigen zwingt der Schmerz zu lügen.

Etiam si Cato dicat! (Sprichwort)
Auch wenn Cato es sagt! – glaube ich's nicht; erwidert man auf eine unwahre Behauptung, deren Wahrheit gut begründet erscheint.

Etiamsi omnes, ego non.
Wenn auch alle, ich nicht.

Et in Arcadia ego.
Auch ich (war) in Arkadien. – Nach Schillers »Resignation« sagt man im Deutschen meist: Auch ich war in Arkadien geboren! D. h.: Auch ich schien zu einem glücklichen Leben bestimmt.

Et lapis dabit vocem suam.
Auch der Stein wird reden. Wenn Menschen schweigen, werden Steine reden.

Et manu et mente.
Sowohl mit der Hand, wie mit dem Geiste.

Et quorum pars magna fui.
Und worin ich eine wichtige Rolle spielte.

Et sanguis et spiritus pecunia mortabilis. (Sprichwort)
Sowohl Blut als Atem ist das Geld des Sterblichen.

Et sequentia.
Und das Folgende. – Gewöhnlich abgekürzt: et seq.

Et cis de similibus.
Und so über Ähnliches.

Et tenuit nostras numerosus Horatius aures. (Ovid)
Und es fesselte unsere Ohren der rythmenreiche Horaz.

Et tu, Brute?
Auch du Brutus? – Rief Cäsar seinem Freund Brutus zu, als er auch ihn unter der Zahl seiner Mörder sah.

Euge poetae! (Persius)
Gut, ihr Dichter!

Eventus stultorum magister est. (Livius)
Erfahrung ist die Lehrmeisterin der Toren. – Durch Schaden wird man (erst) klug.

Ex abrupto.
Aus dem Abgebrochenen. – D. i. plötzlich, jäh.

Ex animo.
Aus der Gesinnung.

Ex arena funiculum nectis. (Sprichwort)
Du knüpfst ein Seil aus Sand.

Ex auribus cognoscitur asinus. (Sprichwort)
An den Ohren erkennt man den Esel.

Ex cathedra.
Vom Katheder aus. – Ursprünglich ist wohl der bischöfliche Stuhl, später dann auch der Professorenstuhl gemeint.

Exceptis excipiendis.
Ausgenommen das, was auszunehmen ist.

Exceptio confirmat regulam.
Die Ausnahme bestätigt die Regel.

Ex cinere in prunas. (Sprichwort)

Aus der Asche in die Kohlen. – Aus dem Regen unter die Traufe.

Excidat illa dies!

Jener Tag mag verloren gehen! – Die Erinnerung an denselben mag schwinden.

Excitat auditor studium. (Ovid)

Der Hörer regt den Eifer an.

Excludat iurgia finis. (Horaz)

Das Ende schließe Streitigkeiten aus.

Ex concesso; sc. Argumentum etc.

Aus dem Zugestandenen. – Z. B. Beweise, Folgerungen usw.

Ex contractu.

Nach dem Vertrage.

Ex cubiculo.

Aus dem Schlafzimmer.

Ex curia.

Aus dem Rathause; Gerichtshofe.

Ex debito iustitiae.

Aus Schuldigkeit gegen die Gerechtigkeit.

Ex delicto.

Aus dem Vergehen.

Ex duobus malis minus est eligendum.

Von zwei Übeln muss man das kleinere wählen.

Exeat.

Er möge hinausgehen.

Exegi monumentum aere perennius. (Horaz)
Ich habe mir ein Denkmal dauernder als Erz errichtet.

Exempla docent.
Beispiele belehren.

Exempli causa (gratia) (e. c., e. g.).
Zum Beispiel.

Exemplis discimus.
Aus Beispielen lernen wir.

Exemplo plus quam ratione vivimus.
Wir leben mehr nach dem Beispiele als nach der Vernunft.

Ex eodem ore calidum et frigidum efflare.
Aus demselben Munde Heißes und Kaltes blasen. – Die Menschen mit zwei Zungen (aus der Fabel »Der Satyr und der Wanderer«).

Exercitatio optimus est magister. (Sprichwort)
Übung ist der beste Lehrmeister; Übung macht den Meister.

Exest. (Initium etc.)
Es ist aus, beendet, geleert.

Ex factis non ex dictis amici pensandi. (Livius)
Nach Taten, nicht nach Worten sind die Freunde zu wägen.

Ex facto ius oritur.
Aus der Tat entsteht das Recht.

Exigit et e statuis farinas. (Sprichwort)
Er zieht auch aus Statuen Mehl heraus. – Er weiß aus jedem Ding sich Nutzen zu schaffen.

Ex improviso subvenit ipse deus.
Unerwartet kommt selbst ein Gott zu Hilfe.

Exitus acta probat.
Der Ausgang bewährt die Taten. – Das Ende krönt das Werk.

Exitus in dubio est. (Ovid)
Der Ausgang ist noch im Zweifel (zweifelhaft).

Ex iuvantibus et nocentibus.
Aus dem was nützt und was schadet.

Ex lege = e lege.
Aus dem Gesetze.

Ex libris.
Von den Büchern; aus der Bibliothek.

Es magna coena stomacho fit maxima poena.
Langes Abendbrot macht dem Magen große Not.

Ex necessitate rei.
Wegen der Notwendigkeit der Sache; aus Notwendigkeit

Ex nihilo nihil fit.
Aus nichts wird nichts.

Ex officio.
Von Amtes wegen.

Ex ore parvulorum veritas.
Die Wahrheit kommt aus dem Mund der Kinder. – Kinder und Narren sagen die Wahrheit.

Exoriare aliquis nostris ex ossibus ultor. (Vergil)
Ein Rächer möge aus meinen Gebeinen erstehen – So rief die verlassene Dido dem verräterischen Aeneas nach. – So soll

auch, vom Kaiser im Stiche gelassen, der große Kurfürst am 29. Juni 1679 bei Unterzeichnung des Friedens zu St. Germain-en-Laye ausgerufen haben.

Ex pede Herculem. (Sprichwort)
Nach dem Fuß (schätze) den Herkules.

Expende Hannibalem.
Ziehe Hannibal in Betracht. – Man macht die Rechnung ohne den Wirt.

Experientia docet.
Erfahrung belehrt.

Experientia est optima rerum magistra.
Erfahrung ist in (allen) Dingen die beste Lehrmeisterin.

Experto credite!
Glaubt dem Erfahrenen.

Expertus metuit. (Horaz)
Der Erfahrene fürchtet. – Gebranntes Kind scheut das Feuer.

Ex post facto.
Nach dem später Gemachten. – Ein Vergehen darf nicht bestraft werden nach einem Gesetze, das erst nach jenem geschaffen ist.

Ex quovis ligno non fit Mercurius. (Sprichwort)
Aus jedem Holze wird kein Merkur.

Ex tempore.
Aus der Zeit; sogleich; aus dem Stegreife.

Extra ecclesiam nulla salus.
Außerhalb der Kirche ist kein Heil.

Extra lutum pedes habes. (Sprichwort)
Du hast die Füße aus dem Schmutze. – Du hast dein Schäfchen im Trocknen.

Extra telorum iactum.
Außer Schussweite.

Extremis malis extrema remedia. (Sprichwort)
Für die äußersten Übel die äußersten Mittel.

Ex umbra in solem.
Aus dem Schatten in die Sonne. – Etwas klar stellen.

Ex ungue leonem.
Aus der Kralle den Löwen. – An der Kralle allein schon kann man den Löwen erkennen.

Ex uno specta omnia. (Sprichwort)
Aus einem (Umstand) beurteile alles.

Ex vitulo bos fit.
Aus einem Kalbe wird ein Stier.

Ex voto.
Nach dem Gelübde.

F

Fabas indulcet fames. (Sprichwort)
Bohnen macht der Hunger süß. – Hunger ist der beste Koch.

Fabricando fabri fimus.
Durch Schmieden werden wir Schmiede. – Übung macht den Meister.

Fabrum esse suae quemque fortunae (Appius ait).
Jeder sei seines Glückes Schmied.

Fabula de te est.
Die Fabel handelt von dir. – Die Sache trifft dich.

Fabula docet.
Die Geschichte lehrt. – Die Formel, mit welcher bei den Fabeln die angehängte Moral eingeleitet wurde.

Facies hippocratica.
Ein hippokratisches Antlitz. – Ein Antlitz, auf dem sich schon die Zeichen des nahen Todes erkennen lassen.

Facile dictu, difficile factu.
Leicht zu sagen, schwer zu tun.

Facile est inventis addere. (Sprichwort)
Leicht ist es, dem Erfundenen etwas hinzuzufügen.

Facilis descensus Averni. (Vergil)
Leicht ist der Abstieg zum Avernus.

Facilius sit Nili caput invenire. (Sprichwort)
Leichter mag es sein, die Quelle des Nils zu finden.

Facit indignatio versum. (Juvenal)
Die Entrüstung macht den Vers. – Juvenal konnte das natürlich nur von sich und seinen Berufsgenossen, den Satirikern, meinen.

Fac simile.
Mache das Gleiche.

Facta loquuntur.
Tatsachen reden.

Fac totum.
Tu alles. – Als ein Wort dient dieser Ausdruck bekanntlich zur Bezeichnung eines Dienstboten, der die verschiedensten Ämter in sich vereinigt.

Factum abiit; monumenta manent. (Ovid)
Das Ereignis ist vergangen; die Denkmäler bleiben.

Fama crescit eundo. (Sprichwort)
Das Gerücht wächst im Fortschreiten.

Fama nihil est celerius. (Livius)
Nichts ist schneller als das Gerücht.

Famam extendere factis. (Vergil)
Den Ruf durch Taten verbreiten. – Der Wahlspruch des Linnaeus.

Fama volat.
Das Gerücht fliegt.

Fames est optimus coquus. (Sprichwort)
Hunger ist der beste Koch.

Fames et mora bilem in nasum conciunt. (Sprichwort)
Hunger und Verzug treiben die Galle in die Nase.

Fames optimum condimentum.
Hunger ist die beste Würze.

Fas est et ab hoste doceri. (Ovid)
Billig ist's, sich auch vom Feinde belehren zu lassen. – Schiller sagt: Teuer ist mir der Freund, doch auch den Feind kann ich nützen; Zeigt mir der Freund, was ich kann, lehrt mich der Feind, was ich soll.

Fata obstant.
Die Geschicke stehen dem entgegen.

Fatetur facinus (is) qui iudicium fugit.
Es gesteht die Untat ein, wer das Urteil flieht.

Favete linguis! (Horaz)
Seid günstig mit den Zungen! – Im Zusammenhange heißt es hier: Schweiget!

Felicitas multos habet amicos! (Sprichwort)
Glück hat viele Freunde.

Felicitas nutrix est iracundiae. (Sprichwort)
Glück ist die Amme des Zornes. – Wer stets Glück gehabt hat, kann Widerwärtigkeiten schwer ertragen.

Felix Austria.
Glückliches Österreich.

Felix est, qui bene latet.
Das Wort ist gebildet nach dem obigen Bene vixit etc. und gleicher Bedeutung.

Felix, qui nihil, debet. (Sprichwort)
Glücklich, wer keine Schulden hat.

Felix, qui potuit rerum cognoscere causas!
Glücklich wer den Grund der Dinge erkennen kann.

Femina est canna diaboli.
Das Weib ist die Pfeife des Teufels.

Ferae naturae.
Von wilder Natur. – Gegensatz zu: Von gezähmter Natur; domitae naturae.

Ferreus assiduo consumitur annulus usu. (Ovid)
Durch beständigen Gebrauch wird (auch) ein eiserner Ring verbraucht. – Eine jener zahlreichen Redewendungen, die aussagt, dass sich viel durch Beharrlichkeit erreichen lässt.

Ferro nocentius aurum.
Schädlicher als Eisen ist Gold.

Ferrum et sanguis.
Blut und Eisen.

Fervet olla, vivit amicitia. (Sprichwort)
Es kocht der Topf, es lebt die Freundschaft. – Ist es mit dem Ersteren vorbei, hört auch das andere auf.

Festina lente!
Eile bedächtig! – Schon Augustus und Titus führten diese Warnung, die unserem »Eile mit Weile!« ganz gleichbedeutend ist, gerne im Munde, und Till Eulenspiegel folgte diesen erhabenen Vorbildern, als er dem Fuhrmann riet, langsamer zu fahren, wenn er noch vor dem Abend in die Stadt kommen wolle.

Fiat!
Es geschehe!

Fiat iustitia, pereat mundus.
Es geschehe, was Recht; gehe die Welt zu Grunde!

Fiat lux!
Es werde Licht!

Ficos dividere. (Sprichwort)
Feigen teilen. – Bezeichnet die Freigibigkeit geiziger Leute, die dem Bettler voll Erbarmen ein großes Stück verschimmeltes Brot geben.

Ficum hieme quaerere.
Eine Feige im Winter suchen.

Fide, sed cui, vide!
Traue, aber schau, wem! Trau, schau, wem!

Fieri curavit, abgekürzt: F. C.
Dass es werde, besorgte N. N. Auf Veranlassung von. – Oft auf Denkmälern zu finden.

Filius nullius.
Niemands Sohn.

Filum aquae.
Der Faden des Wassers. Die Strom- oder Flussrinne.

Finis adest.
Das Ende ist da.

Finis coronat opus.
Das Ende krönt das Werk.

Finis Poloniae.

Das Ende Polens! – Soll Kosciusko ausgerufen haben, als er in der Schlacht bei Mazewicze verwundet vom Pferde sank.

Flagrante bello.

Während der Krieg wütete.

Flamma fumo est proxima.

Die Flamme ist dem Rauch am nächsten.

Flebile ludibrium.

Beweinenswerte Kurzweil.

Flectere si nequeo superos, Acheronta movebo. (Vergil)

Wenn ich die Himmlischen nicht erweichen kann, werde ich die Hölle in Bewegung setzen.

Fluctuat nec mergitur.

Es treibt und sinkt nicht unter. – Devise des Wappens von Paris.

Flumina iam lactis, iam flumina nectaris ibant. (Ovid)

Flüsse von Milch schon rannen, schon Flüsse von Nektar.

Fluvius cum mari certas. (Sprichwort)

Ein Fluss, streitest du mit dem Meere.

Foedum inceptu; foedum exitu. (Livius)

Hässlich durch Anfang, hässlich durch Ausgang.

Foenum habet in cornu. (Horaz)

Er hat Heu auf dem Horne. – Bezeichnete man zu Rom einen stößigen Ochsen. Mit diesem Zuruf warnte man auch vor jähzornigen Menschen.

Fontes ipsi sitiunt.

Die Quellen selbst dürsten.

Forma bonum fragile est. (Ovid)
Die Gestalt (Schönheit) ist ein gebrechliches Gut.

Forma viros neglecta decet. (Ovid)
Eine vernachlässigte Gestalt ziemt den Männern.

Formosa facies muta commendatio est. (Syrus)
Ein schönes Gesicht ist eine stumme Empfehlung.

Forsan et haec olim meminisse iuvabit. (Vergil)
Vielleicht wird es einst nützlich sein, auch dessen zu gedenken.

Fortes fortuna adiuvat. (Terenz)
Dem Kühnen hilft das Glück. – Der ältere Plinius soll die Worte gesprochen haben, als er in den Tod ging.

Fortiter in re, suaviter in modo.
Stark in der Sache, milde in der Weise. – Ein Grundsatz der Jesuiten.

Fortuna favet fatuis. (Sprichwort)
Das Glück ist den Dummen günstig.

Fortuna multis dat nimium, satis nulli. (Martial)
Das Glück gibt vielen zu viel, keinem genug.

Fortunam suam quisque parat.
Sein Glück bereitet sich jeder selbst.

Fortuna non mutat genus. (Horaz)
Das Glück ändert nicht die Art. – Glück kommt her, geht hin und verändert des Menschen Sinn: Mens vertitur cum fortuna. – Der Sinn ändert sich mit dem Glück.

Fortunate senex! (Vergil)
Glücklicher Greis!

Fortunato omne solum patria est.
Dem Glücklichen ist jedes Land sein Vaterland.

Fortunatus et ille, deos qui novit agrestes. (Vergil)
Beglückt ist auch jener, der die ländlichen Götter hat kennen gelernt.

Forum.
Der Marktplatz. – Auf dem Forum der Römer wurden nicht nur allerlei Geschäfte betrieben, auch die Beamten nahmen dort ihre oft feierlichen Handlungen vor.

Frater in spiritu.
Bruder im Geiste.

Fraus est celare fraudem.
Betrug ist's, Betrug zu verheimlichen.

Fraus in auctorem recidit.
Betrug fällt auf den Urheber zurück. – Untreue schlägt ihren eigenen Herrn.

Fronde super viridi.
Auf grünem Laube.

Fruges consumere nati.
Geboren, um Früchte zu essen. – Nichts weiter zu tun.

Frustra laborat, qui omnibus placere studet. (Sprichwort)
Vergebens arbeitet, wer da strebt, allen zu gefallen.

Fuga temporum.
Die Flucht der Zeiten.

Fugiendo in media saepe ruitur fata. (Livius)
Durch Flucht stürzt man oft mitten ins Verhängnis hinein.

Fugit hora.
Die Stunde flieht.

Fugit irreparabile tempus. (Vergil)
Es entflieht unwiderruflich die Zeit.

Fuimus Troes! (Vergil)
Wir sind Trojaner gewesen! – Rief der Priester Panthoos aus, als Troja in Flammen stand. Das Wort hat also den Sinn: Alles ist vorbei!

Fuit Ilium! (Vergil)
Ilium ist dahin! – Die Herrlichkeit ist entschwunden.

Fumos vendere. (Martial)
Rauch verkaufen. – Ein Günstling des Kaisers Alexander Severus verkaufte seinen angeblichen Einfluss bei Hofe als »Rauch«; da der Kaiser dies hörte, ließ er ihn zu Tode räuchern und bekannt machen, dass die Rauchhändler mit Rauch bestraft würden.

Fundamentum est iustitiae fides. (Cicero)
Die Grundlage der Gerechtigkeit ist Vertrauen.

Funem abrumpere nimium tendendo. (Sprichwort)
Das Seil zerreißen durch zu starkes Spannen. – Allzu straff gespannt, zerbricht der Bogen.

Funiculis ligatum vel puer verberaret. (Sprichwort)
Einen mit Stricken Gebundenen könnte selbst ein Knabe schlagen.

Furari litoris arenas. (Sprichwort)
Den Sand des Strandes stehlen.

Furor fit laesa saepius patientia.
Zur Wut wird öfter verletzte Geduld.

Furor teutonicus.
Die deutsche Wut.

G

Gaudeamus igitur.
Daher lasst uns fröhlich sein. – Der Anfang des alten Studentenliedes.

Gaudeant bene nati.
Die Wohlgeborenen mögen fröhlich sein.

Gaudent praenomine molles auricolae. (Horaz)
Es erfreuen sich an einem Vornamen (Titel) zarte Ohren.

Gaudet equis canibusque et aprici gramine campi. (Horaz)
Er erfreut sich an Pferden und Hunden und am Rasen des sonnigen Feldes.

Gaudii comes maeror.
Der Freude Begleiter ist die Trauer.

Genius loci.
Der Schutzgeist des Ortes.

Generatio aequivoca.
Die unerklärte Entstehung der Organismen aus dem Unorganischen; die Urzeugung. Zweideutige Zeugung.

Gens humana ruit per vetitum nefas. (Horaz)
Das menschliche Geschlecht stürzt durch das verbotene Unrecht.

Genus irritabile vatum. (HORAZ)

Das erregbare Geschlecht der Seher (Dichter). – Dieselben können selten eine unparteiliche Beurteilung der Kinder ihrer Muse vertragen.

Gestor negotiorum. (PAND.)

Der Geschäftsträger. Geschäftsführer.

Gladiator in arena consilium capit. (SPRICHWORT)

Der Fechter fasst einen Entschluss auf dem Kampfplatze. – Da hat ein Entschluss keinen Sinn; denn der Fechter muss kämpfen und weiß nicht, ob er die nächste Minute überlebt. Man gebraucht dieses Wort daher ironisch von Leuten, denen keine Wahl freisteht.

Glebae adscriptus.

Zur Scholle gehörig. – D. i. leibeigen.

Gloria in excelsis deo!

Ehre sei Gott in der Höhe!

Gradatim.

Schritt für Schritt.

Grammatici certant, et adhuc sub iudice lis est. (HORAZ)

Die Grammatiker streiten, und die Sache ist noch vor dem Richter (unentschieden). – Man führt meist nur die zweite Hälfte des Verses: adhuc etc. an.

Gram. Loquitur, Dia. Vera docet, Rhe. Verba colorat, Mu canit, Ar. Numerat, Geo. Ponderat, As. Docet astra.

Die Grammatik redet (richtig), die Dialektik (Logik) lehrt, die Rhetorik gibt den Worten Farbe, die Musik singt, die Arithmetik zählt, die Geometrie wägt (misst), die Astronomie lehrt die Gestirne (kennen). – Die beiden Verse sind, ebenso wie die verschiedenen, nach denen man sich die logischen

Schlussweisen merken soll, von Grammatisten gemacht, um die verschiedenen Zweige der Wissenschaft einzuprägen.

Gratiae expectativae.
In Aussicht stehende Gunsterweisungen.

Gratia gratiam parit. (Sprichwort)
Gunst erzeugt Gunst. – Sie beruht unter gewöhnlichen Verhältnissen auf Gegenseitigkeit; denn: Wie man in den Wald ruft, so schallt's wieder heraus. (Aus d. Griech.: *Huld ist's, die Huld erzeuget immerfort.* Den Müttern mit ihren Kleinkindern!)

Gratias tibi ago.
Ich sage dir Dank.

Gratis poenitet esse probum. (Ovid)
Umsonst rechtschaffen zu sein, ärgert.

Grave senectus est hominibus pondus.
Eine schwere Bürde ist für die Menschen das Alter.

Graviora quaedam sunt remedia periculis. (Syrus)
Einige Heilmittel sind schlimmer als die Gefahren – (welche sie beseitigen sollen).

Gravissimum est imperium consuetudinis. (Syrus)
Die härteste ist die Herrschaft der Gewohnheit.

Gula plures quam gladius peremit.
Die Kehle richtete mehr (Menschen) zu Grunde als das Schwert.

Gutta cavat lapidem, consumitur annulus usu. (Ovid)
Ein Tropfen höhlt den Stein, ein Ring vergeht durch Gebrauch. – S. o. Ferreus etc. Der Vers ist gemacht nach dem alten sprichwörtlichen Hexameter:

Gutta cavat lapidem, non vi, sed saepe cadendo.
Der Tropfen höhlt den Stein, nicht durch Gewalt, sondern durch häufiges Fallen. - Die zweite Hälfte ist offenbar nur dem Verse zu Liebe hinzugesetzt.

Gutta fortunae prae dolio sapientiae. (Sprichwort)
Ein Tropfen Glück geht über ein Fass Weisheit.

H

H. a. (Huius anni).
Dieses Jahres.

Habeas corpus.
Ein Ausdruck aus der englischen Gerichtssprache. Am bekanntesten ist die in der Magna Charta (dem englischen Landesgrundvertrag) enthaltene Habeas-Corpus-Acte, welche verordnete, dass ein freier Mann nur unter ganz bestimmten Bedingungen verhaftet werden könne.

Habeat sibi.
Er hab's (für sich). – Mag er die Suppe essen, die er sich eingebrockt hat.

Habemus confitentem reum. (Cicero)
Wir haben einen Angeklagten, welcher gesteht.

Habemus papam.
Wir haben einen Papst. – Der Ruf, mit dem die vollendete Wahl eines neuen Papstes bekannt gemacht und begrüßt wurde.

Habent sua fata libelli.
Es haben die Büchlein ihre Schicksale.

Habet et musca splenem. (Sprichwort)
Auch die Fliege hat ihre Milz (ihren Ärger).

Habet salem.
Er hat Witz.

Habet suum venenum blanda oratio. (Syrus)
Es hat ihr Gift die schmeichlerische Rede.

Habitus non facit monachum.
Die Tracht macht nicht den Mönch.

Hac sunt in fossa Bedae venerabilis ossa.
In diesem Grabe ruhen die ehrwürdigen Beda Gebeine. – Die Inschrift auf Beda's Grab in der Kathedrale zu Durham.

Haec a te non multum abludit imago. (Horaz)
Dies Bildnis trifft dich nicht ganz schlecht.

Haec hactenus.
So weit für diesmal.

Haeret lateri letalis arundo. (Vergil)
Es haftet in der Seite der tödliche Schaft. – (Der Pfeil der Liebe.)

Haereticis non est servanda fides.
Den Ketzern darf man nicht sein Wort halten.

H. m. = Huius mensis.
Dieses Monats.

Hanc veniam petimusque damusque vicissim. (Horaz)
Diese Gnade erbitten wir und gewähren wir hinwiederum.

Hannibal ad portas! (Fälschlisch: ante)
Hannibal an den Toren. – Bezeichnung für eine drohende Gefahr.

Has poenas garrula lingua dedit. (Ovid)
Die Strafe erlitt die schwatzhafte Zunge.

Has vaticinationes eventus comprobavit. (Cicero)
Diese Weissagung bestätigte der Erfolg.

Haud aequum facit, qui quod didicit, id dediscit. (Plautus)
Nicht eben recht handelt, wer das verlernt, was er gelernt hat.

Haud curo.
Ich trage keine Sorge.

Haud passibus aequis. (Vergil)
Nicht eben gleichen Schrittes. So wandelt der, welcher beeinflusst von andern, einen ungleichen Lebenswandel führt.

Have, d. i. **ave!**
Sei gegrüßt!

Hectora quis nosset, si felix Troia fuisset?
Publica virtuti per mala facta via est. (Ovid)
Wer hätte den Hektor gekannt, wenn Troja glücklich gewesen wäre? Durch das Unglück des Staates ist ihm der Weg zur Tugend geöffnet.

Herbarium vivum.
Ein lebendiges Pflanzenbuch (Kräuter).

Heres legitimus.
Der gesetzliche Erbe.

Hei mihi! Non multum carmen honoris habet.
Weh mir, nicht viel Ehre bringt ein Gedicht.

Heu pietas! Hei prisca fides! (Vergil)
Ha, Ehrfurcht! Ha, ehemaliges Vertrauen!

Heu! Quam difficile est crimen non prodere vultu! (Ovid)
Weh! Wie schwierig ist's, das Verbrechen nicht durch die Miene zu verraten!

Heu! Totum triduum!
Weh! Einen ganzen Dreitag! (ganzer drei Tage!)

Hiatus maxime deflendus.
Eine höchst beweinenswerte Lücke. – So sagt man nach Versprechungen, wenn die Erfüllung ausbleibt. So kann man auch ironisch bei verschiedenen Gelegenheiten sagen.

Hic cinis; ubique fama.
Hier die Asche; überall der Ruhm. – Friedrich II. Grabschrift.

Hic esse et illic simul non possum.
Hier sein und dort kann ich nicht zugleich. – Man kann nicht zwei Herren dienen.

Hic est, aut nusquam, quod quaerimus. (Horaz)
Hier ist, oder nirgends, was wir suchen.

Hic et nunc!
Hier und jetzt! – Kategorische Aufforderung.

Hic et ubique (terrarum).
Hier und überall (auf der Erde).

Hic finis fandi (sit)!
Hier (sei) ein Ende des Redens.

Hic funis nihil attraxit. (Sprichwort)
Diese Leine hat nichts herangezogen. – Das Bild ist wohl von der Angel hergenommen und will sagen: Dieser Plan ist nicht geglückt.

Hic haeret aqua.
Hier stockt das Wasser. – Hier geht's nicht weiter.

Hic locus est, partes ubi se via findit in ambas. (Vergil)
Hier ist die Stelle, wo sich der Weg nach beiden Seiten hin spaltet.

Hic niger est; (hunc tu, Romane, caveto!) (Horaz)
Dieser ist böse; vor diesem hüte dich, Römer.

Hic Rhodus, hic salte!
Hier ist Rhodus, hier springe! – Ein Prahler behauptete, dass er einst zu Rhodus einen gewaltigen Sprung getan, leider habe er aber keinen Zeugen bei sich. Man rief ihm zu, dessen bedürfe es nicht, und die obigen Worte; freilich griechisch: denn die Geschichte stammt aus den Aesopischen Fabeln.

Hic summa et ima.
Hier das Höchste und Niedrigste.

Hic ver assiduum atque alienis mensibus aestas. (Vergil)
Hier ist beständiger Frühling und in fremden Monaten Sommer. – (Der heiße Sommer fehlt also.)

Hic in curribus et hi in equis.
Diese auf Wagen und jene auf Pferden.

Hinc illae lacrimae! (Terenz)
Daher jene Tränen! – Diese Worte ruft Simo in der Andria aus. Er hat sich über das Mitgefühl seines Sohnes, der bei dem Begräbnis einer Nachbarin recht herzlich geweint hat, sehr gefreut. Da erblickt er unter den Leidtragenden ein schönes Mädchen und erfährt auf Befragen, dass dies die Schwester der Verstorbenen ist. Jetzt sind ihm die Tränen seines Sohnes erklärlich. Man ruft daher noch heute jene Worte, wenn man

auf einmal Erklärung findet für das unverständliche Benehmen eines Anderen.

Hinc omne principium, huc refer exitum. (Horaz)
Von hier aus aller Anfang, hierher richte den Ausgang.

Hinc te aufer.
Von hier packe dich fort.

Hinc totam infelix vulgatur fama per urbem. (Vergil)
Von hier verbreitet sich die unglückliche Nachricht durch die ganze Stadt.

Hirundinem sub eodem tecto ne habeas. (Sprichwort)
Hege keine Schwalbe unter dem demselben (deinem) Dache. – Das deutsche Wort lautet: Lass die Schwalben in deinem Hause nicht nisten. Da dieselben nun aber allgemein für Segen bringende Vögel gelten, so kann »Schwalben« nur bildlich für »Menschen« genommen sein, die jenen ähnlich sind, und zwar entweder geschwätzig wie jene, oder – was wahrscheinlicher – unbeständig gleich jenen. Ein anderes deutsches Sprichwort sagt nämlich: Schwalben und Küchenfreunde sind Sommervögel. Auch Cicero sagt:

Hirundines aestivo tempore presto sunt; frigore pulsae recedunt. Ita falsi amici.
Die Schwalben sind zur Sommerzeit da; von der Kälte vertrieben, ziehen sie fort. So die falschen Freunde.

His nunc praemium est, qui recta prava faciunt. (Terenz)
Denen wird jetzt Belohnung, welche das Gerade krumm (Recht zu Unrecht) machen.

Historia naturalis.
Siehe Naturalis historia.

Historia vitae magistra.
Die Geschichte lehrt das Leben kennen (ist Lehrerin des Lebens).

H. m. für Huius mensis.
Dieses Monats. In diesem Monate.

Hoc age!
Dies tu!

Hoc anno.
In diesem Jahre.

Hoc erat in more maiorum.
So war's nach der Sitte der Vorfahren.

Hoc erat in votis. (Horaz)
Dies gehörte zu meinen Wünschen.

Hoc est vivere bis, vita posse priore frui. (Martial)
Das ist zweimal leben, des früheren Lebens genießen können.

Hoc opus est.
Dies ist nötig.

Hoc pretium ob stultitiam fero. (Terenz)
Diese Belohnung erhalte ich wegen meiner Torheit.

Hoc volo, sic iubeo: (sit pro ratione voluntas.) (Juvenal)
Dies will ich, so befehle ich: (statt des Grundes gelte der Wille).

Hodie mihi, cras tibi. (Sprichwort)
Heute mir, morgen dir.

Hodie nihil cras credo. (Varro)
Heute nichts, auf morgen traue ich.

Hodie non legitur.
Heute wird nicht gelesen – (von dem Professor). Die Vorlesung fällt aus.

Hominem non odi, sed eius vitia.
Den Mann hasse ich nicht, sondern seine Fehler.

Hominem te esse memento.
Gedenke, dass du ein Mensch bist.

Homines amplius oculis quam auribus credunt: longum iter est per praecepta, breve et efficax per exempla. (SENECA)
Die Menschen trauen den Augen mehr als den Ohren: lang ist der Weg durch Vorschriften, kurz und wirksam durch Beispiele.

Homines nihil agendo discunt male agere.
Die Menschen lernen durch Nichtstun übel tun. – Müßigang ist aller Laster Anfang.

Homines quo plura habent, eo ampliora cupiunt. (JUSTINIAN)
Je mehr die Menschen haben, desto mehr wünschen sie.

Hominis est errare, inspientis perseverare.
Menschlich ist's zu irren, närrisch dabei zu beharren.

Homo alieni iuris.
Ein Mann fremden Rechtes. – D.i. der unter Vormundschaft steht.

Homo eruditus.
Ein unterrichteter Mann.

Homo homini aut deus aut lupus. (SPRICHWORT)
Der Mensch ist für den Menschen ein Gott oder ein Wolf.

Homo homini deus, si officium sciat. (Caecilius)
Der Mensch ist dem Menschen ein Gott, wenn er seine Pflicht kennt.

Homo homini lupus. (Plautus)
Ein Mensch ist für den anderen ein Wolf. – Wir sagen meistens: Ein Mensch ist des anderen Engel oder Teufel.

Homo multi consilii et optimi.
Ein Mann von vielem und bestem Rate. – Ein Mann voll weisem Rats.

Homo novus.
Ein neuer Mann. – Der erste aus einer plebejischen Familie, welcher seiner Familie die Nobilität verschafft, indem er ein curulisches Amt bekleidet. Er selbst ist eigentlich noch nicht nobilis, erst seine Nachkommen.

Homo proponit, sed deus disponit.
Der Mensch schlägt vor, aber Gott verfügt. – Der Mensch denkt, Gott lenkt.

Homo sapiens.
Der weise (vernunftbegabte) Mensch. – Bezeichnung des Menschen in der Naturgeschichte.

Homo sine religione, sicut equus sine freno. (Sprichwort)
Ein Mann ohne Religion ist wie ein Pferd ohne Zügel.

Homo sit homini deus. (Spinoza)
Der Mensch sei dem Menschen ein Gott. – Siehe oben Homo homini etc.

Homo solus aut deus aut daemon. (Sprichwort)
Der Mensch allein ist entweder ein Gott oder ein Dämon. – Sonst bedarf er nämlich seiner Mitmenschen.

Homo sui iuris.
Ein Mensch eigenen Rechtes. Ein unabhängiger Mann.

Homo sum; humani nihil a me alienum puto. (Terenz)
Ich bin ein Mensch; nichts Menschliches halte ich für etwas mir Fremdes.

Homo toties moritur, quoties amittit suos. (Syrus)
Ein Mensch stirbt, so oft er die Seinigen verliert.

Homo trium literarum. (Plautus)
Ein Mann von drei Buchstaben. – Wir müssten sagen: vier; denn es ist **fur**, Dieb, gemeint.

Homunculi quanti sunt! Cum recogito. (Plautus)
Wie viele Menschlein gibt es! Wenn ich nachdenke.

Honesta vita est beata.
Ein ehrenhaftes Leben ist glückselig.

Honestum non est semper, quod licet.
Nicht immer ehrenhaft, was erlaubt ist.

Honores mutant mores.
Ehren (-stellen) verändern die Sitten. – Auch wir sagen: Ehrenstand macht andere Leute usw.

Honoris causa.
Der Ehre halber.

Honos (oder Honor) alit artes. (Cicero)
Die Ehre ernährt die Künste.

Honos habet onus.
Die Ehre hat ihre Last. Ehre hat Schwere.

Hora, locus faciunt, quod fures non sua tollunt.
Zeit und Ort bewirken, dass die Diebe nicht das ihrige wegnehmen.

Hora ruit.
Die Stunde flieht.

Horrible dictu … **visu.**
Furchtbar zu sagen … zu sehen.

Horror vacui.
Der Widerwille gegen die Leere. – Die Natur duldet angeblich keinen leeren Raum.

Hortus deliciarum.
Der Garten der Wonne.

Hos ego versiculos feci, tulit alter honores. (Vergil)
Diese Verslein machte ich, ein anderer trug die Ehre davon.

Hosti frontem, pectus amico.
Dem Feinde die Stirn, die Brust dem Freunde.

Hostis adest!
Der Feind ist da!

Hostis est uxor invita. (Plautus)
Ein Feind ist eine widerwillige Gattin. – D. h. eine, die dem Manne nur gezwungen folgt.

Huc usque nec amplius.
Bis hierher und nicht weiter.

Huius anni.
Dieses Jahres.

Huius loci.
Dieses Ortes.

Humana non sunt turpia.
Menschliches ist nicht schimpflich.

Humaniora od. humaniores litterae.
Die humanistischen (altklassischen) Wissenschaften. – Man nennt sie so, weil sie ohne praktischen Zweck nur den Menschen im Menschen bilden wollen.

Humanum amare est,
humanum autem ignoscere est. (Plautus)
Menschlich ist's zu lieben, menschlich ferner zu verzeihen. – Ein schönes Wort, das man dem Komiker gar nicht zutrauen sollte.

Humanum est errare.
Menschlich ist's zu irren. S. o. Errare.

I

Iacta est alea! (Suet.)
Der Würfel ist geworfen! – So soll Cäsar ausgerufen haben, als er sein Heer über den Rubicon, den Grenzfluß seiner Provinz, geführt und damit den Krieg gegen sein Vaterland eröffnet hatte. Nach anderem Bericht soll er vorher seine Bedenken niedergeschlagen haben mit dem Rufe:

Iacta alea esto!
Der Würfel sei geworfen!

Iactantiae comes invidia.
Der Prahlerei Begleiter ist der Neid.

Iam finis erat.
Schon war das Ende da.

Iam proxumus ardet – Ucalegon!
Schon brennt der Nachbar – Ucalegon! – Das Wort macht auf die nächste Nähe einer Gefahr aufmerksam.

Iamque non pugna, sed caedes erat. (Curtius)
Schon keine Schlacht mehr, ein Schlachten war's.

Iamque quiescebant voces hominumque canumque. (Ovid)
Schon schwiegen die Stimmen der Menschen und Hunde.

Iam satis – ohe! (Ausonius)
Ho – schon genug!

Ianua lethi. (Sueton)
Die Pforte des Todes.

Ianuis clausis.
Bei verschlossenen Türen.

Ibidem.
Ebendaselbst.

Ibis, redibis, non morieris in bello.
Du wirst gehen, du wirst zurückkehren, du wirst nicht im Kriege fallen.

Id demum est homini turpe, quod meruit pati. (Phaedrus)
Das erst ist dem Menschen schimpflich, was er verdient zu leiden.

Idem per idem.
Dasselbe durch dasselbe.

Idem quod, abgekürzt: **i. e.**
Das ist; das heißt.

Id facere laus est, quod decet, non quod licet. (Seneca)
Das zu tun, ist löblich, was sich ziemt, nicht, was erlaubt ist. Und zwar:

Id maxime quemque decet,
quod est cuiusque suum maxime. (Cicero)
Das ziemt jedem am meisten, was am meisten sein eigen ist; was seiner Eigenart am meisten entspricht.

I. e. = id est; s. o.

Ieiunus raro stomachus vulgaria temnit. (Horaz)
Ein nüchterner Magen verachtet selten das Gewöhnliche.

Ignavis semper feriae sunt. (Sprichwort)

Die Faulen haben immer Ferien. – Sie haben immer Grund zum Nichtstun; denn: Der Faule hat Luft zum Arbeiten, wie der Hund zum Hechellecken; sagt ein deutsches Sprichwort.

Ignavus servos rector facit esse protervos.

Ein träger Aufseher macht, dass die Sklaven frech sind. – Wie der Herr, so der Knecht.

Igne quid utilius? (Ovid)

Was ist nützlicher als das Feuer?

Ignem ne gladio fodito. (Sprichwort)

Du sollst das Feuer nicht mit dem Schwerte aufstören.

Ignis sacer. (Plinius d. Ä.)

Das heilige Feuer. – Er nennt so das St. Elmsfeuer.

Ignoramus.

Wir wissen nicht. Wir sind Nichtwissende.

Ignoramus et ignorabimus.

Wir wissens nicht und werden es nicht wissen.

Ignorantia facti excusat.

Unkunde der Tatsache entschuldigt.

Ignorantia iuris nocet.

Unkenntnis des Rechtes schadet.

Ignorantia iuris, quod quisque tenetur scire, neminem excusat.

Unkunde des Rechtes, das jeder wissen muss, entschuldigt niemand.

Ignorantia legis.

Unkenntnis des Gesetzes.

Ignorantia non excusat legem.
Unkunde entschuldigt nicht (gilt nicht als Entschuldigungsgrund gegen) das Gesetz.

Ignoscas aliis multa, nil tibi. (AUSONIUS)
Mögest du anderen vieles, dir nichts verzeihen. – Verzeihe dir nichts und anderen viel; auch eine alte deutsche Mahnung.

Ignoti nulla cupido. (SPRICHWORT)
Nach Unbekanntem hat man kein Verlangen. Deutsch: Unbekannt unverlangt.

Ignotum per ignotius. (SPRICHWORT)
Unbekanntes durch Unbekannteres (erklären wollen).

I. H. S. (volkstümlich: **Jesus, Heiland, Seligmacher**)
Wahrscheinlich für die ersten drei griechischen Buchstaben des Namen Jesu. Man findet die drei Buchstaben häufig an Kruzifixen.

Iliacos intra muros peccatur et extra. (HORAZ)
Innerhalb der ilischen Mauern (v. Troja) wird gefrevelt und außerhalb. – Auf beiden Seiten wird gesündigt.

Illa dolet vere, quae sine teste dolet. (MARTIAL)
Die duldet wahrhaft, die ohne Zeugen duldet. – Geteilter Schmerz ist halber Schmerz.

Illata.
Das zugebrachte (Heiratsgut). Auch die Mobilien.

Ille crucem sceleris pretium tulit, hic diadema. (JUVENAL)
Jener trug das Kreuz, den Lohn des Verbrechens, davon, dieser das Diadem.

Ille terrarum mihi praeter omnes angelus ridet. (HORAZ)
Jener Erdenwinkel lächelt mir vor allen.

Illicita res.
Eine unerlaubte Sache.

Illico.
Sofort.

Illi robur et aes triplex circa pectus erat. (Horaz)
Jener hatte Eichenholz und dreifaches Erz um die Brust. – Der nämlich zuerst eine Seefahrt gemacht hat. So sagt man denn jene Worte von solchen, die ein großes Werk gewagt haben.

Illo ipso die.
Gerade an jenem Tage.

Illud amicitiae sanctum ac venerabile nomen. (Ovid)
Jener heilige und ehrwürdige Name der Freundschaft.

Immaculata.
Die Unbefleckte. – Bezeichnung der Mutter Maria.

Immensum gloria calcar habet. (Ovid)
Der Ruhm hat einen ungeheuren Sporn.

Immerito.
Unverdienterweise.

Immissio bonorum.
Einsetzung in die Güter.

Impavidum ferient ruinae
(vorher: Si fractus illabatur orbis). (Horaz)
Einen Unerschrockenen werden die Trümmer zerschlagen. (Wenn zerborsten der Erdkreis einstürzt.)

Impedimentum canonicum.
Ein kirchenrechtliches Hindernis.

Imperare sibi maximum imperium est. (Seneca)
Sich selbst beherrschen ist die größte Herrschaft.

Imperat aut servit collecta pecunia cuique. (Horaz)
Einem jeden gebietet oder dient das gesammelte Geld. – Geld macht den einen zum Herrn, den anderen zum Sklaven.

Imperium et libertas.
Herrschaft und Freiheit.

Imperium in imperio.
Ein Reich im Reiche. Ein Staat im Staate.

Imperium summum.
Die höchste Gewalt.

Implicite.
Mit einbegriffen.

Impotentia excusat legem.
Unvermögen entschuldigt das Gesetz, dient dem Gesetze gegenüber als Entschuldigung.

Imprimatur.
Es möge gedruckt werden. – Die Erlaubnis eines Zensors zum Druck.

Impubes.
Unmündig.

Impune.
Straflos.

In absentia.
In Abwesenheit.

In abstracto.
An sich betrachtet.

In actu.
Bei (Ausübung) der Tat.

In aere piscari; in mare venari.
In der Luft fischen; im Meere jagen.

In aeternum.
Auf ewig.

In agone. (Nlt.)
Im Todeskampfe.

In ambiguo.
Im Zweifel.

In aqua scribis. (Sprichwort)
Du schreibst auf Wasser.

In arena aedificas. (Sprichwort)
Du baust auf Sand.

In articulo mortis.
Im Augenblick des Todes.

In balneis salus.
In Bädern (ist) Heil.

In brevi.
In kurzem.

In capite.
Im Haupte; an der Spitze; im Abschnitt (Kapitel).

In casu.
Im Falle.

In causa facile cuivis licet esse diserto. (Ovid)
In einer leichten Sache kann jeder beredt sein.

In cauda venemum.
Im Schwanze Gift. – Deutsch: Das Gift sitzt unter dem Schwanz der Tarantel; d. h. das Schlimmste kommt noch.

Inceptio est amentium, haud amantium. (Terenz)
Ein Beginnen von Toren ist's, nicht von Liebenden.

Incerti sunt exitus belli. (Cicero)
Ungewiss sind die Erfolge des Krieges.

Incidit in Scyllam, qui vult vitare Charybdim.
Es fällt in die Scylla, wer die Charybdis vermeiden will.

Inclusio unius est exclusio alterius.
Einschließung des einen ist die Ausschließung des anderen.

Inclusive.
Einschließlich.

In coelo quies.
Im Himmel ist Ruhe.

Incognito.
Unbekannt.

In conspectu omnium.
Angesichts aller.

In continuo.
Ununterbrochen.

In contumaciam.
Wegen Verachtung (des richterlichen Befehles), daher in Abwesenheit.

In corpore.
Im Körper. – D. h. insgesamt.

Incredibile dictu.
Unglaublich zu sagen.

In culpa.
In Schuld; strafbar.

Incurvat genu senectus. (Sprichwort)
Es beugt das Alter das Knie.

Inde irae et lacrimae! (Juvenal)
Daher Zorn und Tränen!

Indefensus.
Unverteidigt; ohne Verteidigung.

Index librorum – rerum.
Verzeichnis der Bücher – der Sachen – Sachregister.

Index librorum prohibitorum.
Verzeichnis der verbotenen Bücher.

Indictum sit.
Es sei ungesagt.

Indigne vivit per quem non vivit alter.
Unwürdig lebt, durch den kein anderer lebt (der für niemand zu sorgen hat).

Indignor, quandoque bonus dormitat Homerus. (Horaz)
Es ärgert mich, so oft der gute Homer schläft.

Indoles.
Die angeborene Anlage.

In dubio pro reo.
Im Zweifel für den Angeklagten.

In dulci iubilo.
In süßer Freude. – Anfang eines alten Liedes.

In duplo.
Siehe Duplo.

Industriae nil impossibile.
Dem Fleiß (ist) nichts unmöglich.

In eadem re utilitas et turpitudo esse non potest. (CICERO)
In derselben Sache kann nicht Nutzen und Schimpf sein.

In effigie.
Im Bildnis.

Inest et formicae sua bilis. (SPRICHWORT)
Auch der Ameise wohnt ihre Galle inne.

Inest sua gratia parvis.
Den Kleinen wohnt ihr Reiz inne. – Das Kleine hat seinen Reiz.

In extenso.
Ausführlich; in voller Ausdehnung.

In extraneis.
In auswärtigen Dingen.

In extremis.
Beim Ausgang; beim Tode.

Infandum, regina, iubes renovare dolorem. (Vergil)
Unsagbaren Schmerz, oh Königin, befiehlst du zu erneuern. – Schiller übersetzt: Oh Königin, du weckst der alten Wunde unnennbar schmerzliches Gefühl.

Infantes, perhibent, et stultos dicere vera.
Kinder, sagen sie, und Narren sprächen die Wahrheit.

In fidem (z. B. **copiae**).
Zur Beglaubigung (der Abschrift).

In flagranti (**sc. delicto**).
Bei (gleichsam) brennender Tat. – D. h. auf frischer Tat.

In flammam flammas, in mare fundis aquas. (Ovid)
In die Flammen gießt du Flammen; ins Meer Wasser. – Deutsch: Öl ins Feuer gießen.

In foro conscientiae.
Vor deinem Gewissen.

Infra dignitatem.
Unter der Würde.

In fraudem (z. B. **creditorum**).
Zum Betruge (der Gläubiger).

In fraudem legis.
Zum Betruge des Gesetzes. – D. i. zur Umgehung desselben.

In fuga foeda mors est, in victoria gloriosa. (Cicero)
Auf der Flucht ist der Tod schimpflich, beim Siege ruhmvoll.

In futuro.
In Zukunft.

Ingeniorum cos aemulatio. (Sprichwort)
Der Talente Schleifstein (ist) der Wettstreit.

Ingenium mala saepe movent. (Ovid)
Das Talent regt oft die Übel an.

... **Ingenium res**
Adversae nudare solent, celare secundae. (Horaz)
Das Talent pflegen Widerwärtigkeiten zu offenbaren, Wohlbefinden zu verhüllen.

Ingens telum necessitas. (Seneca)
Eine ungeheure Waffe ist die Notwendigkeit.

Ingenuas didicisse fideliter artes.
Emollit mores, nec sinit esse feros. (Ovid)
Die freien Künste ordentlich gelernt zu haben, sänftigt die Sitten und duldet nicht, dass sie rauh sind.

Ingratis servire nefas.
Undankbaren zu dienen ist Unrecht.

Ingratus unus miseris omnibus nocet. (Syrus)
Ein Undankbarer schadet allen Elenden (Armen).

In hoc signo vinces.
In diesem Zeichen wirst du siegen. – Übersetzung der Inschrift des Kreuzes, das Constantin vor der entscheidenden Schlacht gegen Maxentius erblickte.

In infinitum.
Das Unendliche.

Iniquissimam pacem iustissimo bello antefero. (Cicero)
Den ungerechtesten (unvorteilhaftesten) Frieden ziehe ich dem gerechtesten Kriege vor. – Das ist eine bloße Phrase; die Römer haben nie so gedacht, und Cicero auch nicht.

Initia.
Die Anfänge; Anfangsgründe.

Initium fidelitatis.
Anfang der Fröhlichkeit. – Bei studentischen Commersen wird das Ende der offiziellen Feier und der Beginn des ungebundenen Verkehrs verkündet mit den Worten: Exest commercium; initium fidelitatis!

Iniuria iniuriam cohibere licet.
Durch Beleidigung eine Beleidigung verhindern, ist erlaubt (?).

Iniuria realis. Iniuria verbalis.
Tätliche Beleidigung. Wörtliche Beleidigung.

Iniuriam qui facturus est, iam facit. (SENECA)
Wer im Begriffe ist, eine Beleidigung zuzufügen, fügt sie schon zu.

Iniuriarum remedium est oblivio. (SPRICHWORT)
Heilmittel gegen Beleidigungen ist Vergessen.

In limine.
Auf der Schwelle; zu Anfang.

In loco.
Auf der Stelle; am Platze.

In loco parentis.
Anstatt des Vaters.

In magnis et voluisse sat est. (PROPERZ)
In großen Dingen ist es genug, gewollt zu haben. – S. u. Ut desint etc.

In maiorem die gloriam.
Zur größeren Ehre Gottes.

In margine.
Am Rande – (eines Buches).

In mari aquam quaerit.
Er sucht Wasser im Meere.

In medias res. (Horaz)
Mitten in Dinge. – Mitten in eine Sache hinein. Horaz rühmt an dieser Stelle den Homer, dass er sich nicht lange mit der Vorrede aufhalte, sondern den Leser gleich mitten in die Dinge hineinführe.

In medio stat virtus.
In der Mitte steht die Tugend. – D. h. auf der goldenen Mittelstraße.

In memoriam.
Zum Gedächtnisse.

In minimo.
Mindestens.

In monendo sapimus omnes.
Im Ermahnen sind wir alle weise.

In necessariis unitas, in dubiis libertas, in omnibus caritas.
In notwendigen Dingen Einheit, in zweifelhaften Freiheit, in allen Duldung.

In nocte consilium. (Sprichwort)
In der Nacht ist Ratssitzung. – Das Wort dient zur Bezeichnung eines überstürzten Vorgehens.

In nomine Domini incipit omne malum.
Im Namen des Herrn beginnt alles Unglück. – Die fürstlichen Erlasse begannen im Mittelalter alle mit diesen Worten.

In nova fert animus mutatas dicere formas corpora. (Ovid)
In neue Körper verwandelte Formen zu besingen, treibt mich der Geist. – Der Anfang der Metamorphosen.

In nubibus.
In den Wolken.

In nuce.
In der Nuss. – In kurzer Fassung.

In obscuro.
Im Dunkeln.

In omnem eventum.
Auf jeden Fall.

In omnia paratus (promptus).
Zu allem bereit.

In optima forma.
In bester Form.

In pace.
In Frieden.

In pace leones, in proelio cervi. (Sprichwort)
Im Frieden Löwen, im Kampfe Hirsche. – Die Letzteren haben, wie das Sprichwort sagt, wohl große Hörner, aber feige Herzen.

In partibus (sc. infidelium).
In Gegenden (nämlich der Ungläubigen). – So werden in der römischen Kirche die Titularbischöfe genannt, da dieselben ihren Titel nach einem früheren Bischofssitz führen.

In patria natus non est propheta vocatus.
Im Vaterlande wird der Geborene nicht Prophet genannt. – Der Prophet gilt nichts in seinem in seinem Vaterlande.

In perpetuam rei memoriam.
Zum beständigen Gedächtnis der Sache; des Ereignisses.

In pios usus.
Zu frommen Gebräuchen; Verwendungen.

In pleno.
In vollem; vollständig.

In plerisque rebus mediocritas optima est. (CICERO)
In den meisten Dingen ist Mittelmäßigkeit das Beste.

In pontificalibus.
In priesterlicher Kleidung.

In portum navigare. (SPRICHWORT)
In den Hafen schiffen; einlaufen. – In Sicherheit gelangen.

In posse.
Im Können; – im Wollen; – in Vorbereitung. – So ist ein ungeborenes Kind in posse.

In potestate.
In der Gewalt; in Händen.

In propria persona.
In eigener Person.

In publico.
In der Öffentlichkeit; auf der Straße.

In puris naturalibus.
Im reinen Naturzustande. – Scherzweise gebraucht für nackend.

In quantum.
Sofern; soweit.

In re.
In der Sache.

In regula.
In der Regel.

In rebus dubiis plurimi est audacia. (SYRUS)
In zweifelhaften Dingen ist Kühnheit von höchstem Werte.

In rerum natura.
In der Natur der Sache (der Dinge).

I. N. R. I.
Abkürzung für: Iesus Nazarenus Rex Iudaeorum. – Jesus der Nazarener, König der Juden; die Inschrift, welche Pilatus an dem Kreuze Jesu angebracht hatte.

In residuo.
In Vorrat; noch übrig.

In saecula saeculorum.
In alle Ewigkeit.

In saltu uno duos apros capere. (SPRICHWORT)
In einem Sprunge zwei Eber fangen. – Zwei Fliegen mit einem Schlage treffen.

In salvo.
In Sicherheit.

In silvam ne ligna feras. (HORAZ)
Trage kein Holz in den Wald.

Insipientis est dicere: Non putarem. (CICERO)
Des Narren Sache ist's zu sagen: Ich hätte nicht gedacht.

In situ.
In der Lage. In seiner (ihrer) Lage.

In spe.
In Hoffnung; künftig.

In statu nascendi.
Im Zustande des Werdens.

In statu quo.
In dem Zustande, worin. – Im bisherigen Zustand.

In statu quo ante.
Im Zustande, wie vorher.

Instar omnium.
Wie alle.

In succum et sanguinem.
In Saft und Blut. – In Fleisch und Blut.

In suspenso.
In der Schwebe.

In te, Domine, speravi.
Auf dich, Herr, habe ich gehofft.

Integer vitae scelerisque purus. (HORAZ)
Der im Leben redliche und von Untat Reine.

Integra mens augustissima possessio. (SPRICHWORT)
Ein redlicher Sinn ist der erlauchte Besitz.

In tempestate securitas.
Im Sturme Sicherheit.

In tenebris.
In der Finsternis.

In teneris consuescere multum est. (VERGIL)
In der Jugend gewohnt werden ist viel wert.

Inter alia.
Unter anderem.

Inter amicos omnium rerum communitas. (CICERO)
Zwischen Freunden herrscht Gemeinsamkeit aller Dinge.

Inter arma silent leges. (CICERO)
Beim Waffenlärm schweigen die Gesetze.

Intercalaris annus … dies.
Ein Schaltjahr … -tag.

Interdictio aquae et ignis.
Die Untersagung von Feuer und Wasser. – Verschärfte Form der Verbannung in Rom.

Interim fit aliquid.
Inzwischen geschieht etwas. – Die Entschuldigung derjenigen, die eine unangenehme Sache aufschieben, um derselben durch unvorhergesehene Ereignisse enthoben zu werden.

Inter malleum et incudem. (SPRICHWORT)
Zwischen Hammer und Ambos. – Das heißt in der Klemme.

Inter nos.
Unter uns.

Inter pocula.
Bei den Bechern. – Beim Weine.

Inter pueros senex. (Sprichwort)
Unter Knaben ein Greis. – Mit diesen Worten hebt man sein Alter aber auch seine Weisheit der Umgebung gegenüber hervor.

Interpretatio authentica.
Eine rechtsgültige Erklärung.

In terrorem.
Zum Schreck. – Um Schreck zu erwecken, zu warnen.

Inter Sacrum saxumque stat.
Er steht zwischen dem Heiligtum und dem Felsen. – Wahrscheinlich ist hier der Tempel des Jupiter, der Juno und der Minerva auf dem Capitol und der Tarpejische Fels gemeint. Das Wort würde dann sagen: Er ist dem Heile und dem Verderben gleich nahe.

In toto.
In dem Ganzen. Gänzlich.

In toto et pars continetur.
Im Ganzen ist auch der Teil enthalten.

Intra muros peccatur et extra.
Innerhalb und außerhalb der Mauern wird gefrevelt.

In transitu.
Auf der Überfahrt. Auf der Durchfahrt.

In trinitate robur.
In der Dreieinigkeit die Stärke. – Bismarcks Devise.

In triplo.
Dreifach.

Introite, nam et hic dii sunt!
Tretet ein, denn auch hier sind Götter!

Intus et in cute te novi. (Persius)
Innen und außen (wörtl. in der Haut) kenne ich dich.

In tyrannos.
Gegen die Tyrannen. Gewaltherrscher.

In ultimis.
Unter den Letzten.

In unoquoque virorum bonorum habitat deus. (Seneca)
In einem jeden der guten Männer wohnt ein Gott.

In usu.
Im Gebrauch.

In usum delphini.
Zum Gebrauch des Delphins. – Mit Delphin ist hier der Dauphin, der Kronprinz von Frankreich, gemeint, für den der König einmal besondere Ausgaben der Klassiker herstellen ließ, in denen alles Anstößige ausgelassen war.

In utero.
Im Mutterschoß.

Inutile terrae pondus.
Ein unnützes Gewicht der Erde – für die Erde. – Das sind Taugenichtse.

Inveni portum, Spes et Fortuna valete; sat me lusistis, ludite nunc alios.

Ich habe den Hafen gefunden, Hoffnung und Glück, lebt wohl; genug habt ihr mit mir gespielt, spielt jetzt mit anderen. – S. o. In portum etc.

Inv.

Gewöhnlich Abkürzung für Invenitur. Es wird gefunden; man findet es; es findet sich.

Invenit interdum caeca columba pisum.

Es findet zuweilen eine blinde Taube eine Erbse. – Wir sagen es vom Huhn.

In verba magistri (sc. Iurare).

Auf die Worte des Meisters (schwören). – S. u. Iurare etc.

In verbis simus facilis. (Graf Bismarck in einem Brief v. 27. Aug. 1869 an Roon)

Er will nicht übermäßigen Wert darauf legen, dass die Flotte preußisch bleibt, wie Roon es wollte, wenn nur der König als oberster Kriegsherr der Herr derselben bleibt. S. u. Verbis simus faciles.

In verbo.

Im Worte.

Invidus alterius macresit rebus opimis. (Horaz)

Der Neidische wird mager durch die fetten Verhältnisse seines Nächsten.

In via.

Auf dem Wege; im Wege.

In vino veritas. (Sprichwort)

Im Weine (ist) Wahrheit.

Invita Minerva. (Cicero u. Horaz)
Gegen den Willen der Minerva. – Ohne gehörige Stimmung.

Invitat culpam qui peccatum praeterit. (Syrus)
Es lockt die Schuld, wer die Sünde außer Acht läßt.

In vitium ducit culpae fuga. (Horaz)
Zu Vergehen führt die Flucht vor Schuld.

Iovis omnia plena. (Vergil)
Jupiters ist alles voll; alles ist von Jupiter erfüllt.

Ipsa olera olla legit. (Catull)
Der Topf sucht selbst die Kräuter.

Ipsa (Quidem) virtus sibimet pulcherrima merces. (Silius)
Die Tugend selbst ist sich der schönste Lohn.

Ipse dixit.
Er hat es selbst gesagt.

Ipse fecit.
Er hat es selbst gemacht.

Ipse Iupiter, neque pluens omnibus placet, neque abstinens. (Sprichwort)
Selbst Jupiter, weder wenn er regnet, noch wenn er aufhört, gefällt allen.

Ipse semet canit.
Er besingt sich selbst. – Eigenlob.

Ipsissima verba.
Die eigensten Worte.

Ipso facto.
Durch die Tat selbst.

Ipso iure.
Durch das Recht selbst.

I. q.
Abgekürzt für idem quod. Dasselbe wie.

Ira furor brevis est.
Der Zorn ist eine kurze Raserei.

Iracundiam qui vincit, hostem superat maximum. (Syrus)
Wer den Zorn besiegt, überwindet den größten Feind.

Ire docetur eundo.
Gehen lernt man durch gehen. – S. o. exercitatio etc.

Irus est subito, qui modo Croesus erat. (Ovid)
Irus ist plötzlich (durch den Tod), wer eben Crösus war. – Dieser Letztere ist ja der durch seine Unterhaltung mit Solon bekannte reiche König von Lydien; Irus aber ein Bettler, der in der Odyssee genannt wird.

Is cadet ante senem, qui sapit ante diem. (Sprichwort)
Der stirbt vor dem Greisenalter, der zu frühzeitig weise ist.

Is fecit, cui prodest.
Der hat es getan, dem es nützt. – S. o. Cui bono?

Is pater est, quem nuptiae demonstrant.
Der ist der Vater, den das Beilager ausweist.

Ita lex scripta est.
So (deswegen) ist das Gesetz geschrieben.

Ita voluerunt, ita factum est.
So haben sie's gewollt, so ist's geschehen.

Ite, missa est (concio).
Gehet, (die Versammlung) ist entlassen. – Daher: Messe.

Itio in partes.
Gang in die Teile. – Trennung einer Körperschaft nach Parteien bei der Abstimmung. Hammelsprung.

I. u.
Abgekürzt für iuris utriusque. Beider Rechte (des weltlichen und kirchlichen.)

Iubilate Deo!
Singet dem Herrn.

Iucunda est memoria praeteritorum malorum. (Cicero)
Angenehm ist die Erinnerung vergangener Leiden. – Das ist doch zuweilen noch fraglich.

Iucunda rerum vicissitudo.
Angenehmer Wechsel der Dinge.

Iucundi acti labores.
Angenehm sind vollbrachte Arbeiten.

Iudex damnatur, cum nocens absolvitur. (Syrus)
Der Richter wird verurteilt, wenn der Schuldige freigesprochen wird.

Iudicis est innoncentiae subvenire. (Cicero)
Pflicht des Richters ist es, der Unschuld zu Hilfe zu kommen.

Iudicium Dei.
Gottesurteil.

Iugulare mortuos. (Sprichwort)
Die Toten durchstechen. – Bezeichnung unnötiger Grausam-

keit und erbärmlicher Feigheit. Die Toten niedermachen (bildlich). Prahlerei.

Iuncta iuvant.
Vereinigte (Dinge) nutzen.

Iungere dextras. (VERGIL)
Die Rechte geben.

Iupiter est quodunque moveris. (LUCAN)
Jupiter ist, wohin du siehst, wohin auch du dich bewegst.

Iupiter optimus maximus.
Der beste größte Jupiter.

Iupiter pluvius.
Der Regengott Jupiter.

Iupiter tonans.
Der donnernde Jupiter.

Iurare in verba magistri.
Auf die Worte des Meisters schwören. – Des Meisters Ansicht ohne weiteres zur seinigen machen.

Iuravi lingua, mentem iniuratam gero.
Ich habe mit der Zunge geschworen, habe aber einen Geist, der nicht durch Schwur gefesselt ist. – Das ist eine faule Ausrede.

Iure divino.
Nach göttlichem Recht.

Iure humano.
Nach menschlichem Recht.

Iure repraesentationis.
Durch Recht der Vertretung.

Iuris consultus.
Im Rechte erfahren. Ein Rechtsgelehrter.

Ius civile neque inflecti gratia, neque perfringi potentia, neque adulterari pecunia debet. (CICERO)
Das bürgerliche Recht darf weder durch Gunst gebeugt, noch durch Macht zerbrochen, noch durch Geld gefälscht werden.

Ius divinum.
Das göttliche Recht.

Ius exclusionis.
Das Recht des Ausschlusses.

Ius gentium.
Das Völkerrecht.

Ius humanum.
Das menschliche Recht.

Ius pacis et belli.
Friedens- und Kriegsrecht.

Ius primae noctis.
Das Recht der ersten Nacht. – Dasselbe hat nie existiert, sondern ist stets Usurpation dessen gewesen, der es in Anspruch genommen hat.

Ius primogeniturae.
Das Recht der Erstgeburt.

Ius proprietatis.
Das Eigentumsrecht.

Ius regium.
Das königliche Recht.

Ius summum saepe summa malitia est. (Terenz)
Das größte Recht ist oft die größte Schelmerei. – S. u. Summum ius etc.

Ius talionis.
Das Recht der Vergeltung.

Iustitia erga Deum religio dicitur;
erga parentes pietas. (Cicero)
Gerechtigkeit gegen Gott wird Religion genannt, gegen die Eltern Ehrfurcht.

Iustitia nihil expetit praemii. (Cicero)
Gerechtigkeit erwartet keine Belohnung.

Iuxta fluvium puteum fodit. (Sprichwort)
Nah' am Flusse gräbt er einen Brunnen. – Unnötige Arbeit.

L

Labitur occulte fallitque volubilis aetas. (Ovid)
Verborgen verrinnt und täuscht uns das schnelle Alter.

Labor omnia vincit improbus. (Vergil)
Beherzte Arbeit besiegt alles.

Laborum dulce levamen. (Horaz)
Der Mühen süße Linderung. – So nennt Horaz seine Leier.

Lacrimae Christi.
Tränen Christi: ein ital. Wein.

Laeso sed invicto militi.
Dem verwundeten aber unüberwundenen Soldaten. – Inschrift des Berliner Invalidenhauses.

Laetus sorte tua vives sapienter.
Deines Loses froh, wirst du weise leben.

Lapis philosophorum.
Der Stein der Philosophen. – Der Stein der Weisen, nach dem die Goldmacher suchten, da sie meinten, mit dessen Hilfe aus anderen Metallen Gold machen zu können.

Lapsus calami.
Ein Ausgleiten der Schreibfeder. – Also ein Schreibfehler.

Lapsus linguae.
Ein Ausgleiten der Zunge. – Also ein Sprachfehler.

Lapsus memoriae.
Ein Gedächtnisfehler.

Laterem lavas. (Sprichwort)
Du wäschst einen Ziegel. – Gemeint ist ein ungebrannter; je mehr man denselben wäscht, desto mehr löst er sich auf, sodass er schmutziger und schlechter wird.

Latet anguis in herba. (Vergil)
Die Schlange liegt verborgen im Grase. – Das Verderben lauert im Verborgenen.

Latet in cauda veneum. (Sprichwort)
Unter dem Schwanze sitzt das Gift verborgen. – S. o. In cauda etc.

Latus.
Seite.

Laudator sui temporis.
Ein Lobredner seiner Zeit.

Laudator temporis acti. (Horaz)
Ein Lobredner vergangener Zeit.

Laudator ab his, culpatur ab illis. (Horaz)
Er wird gelobt von diesen, beschuldigt von jenen.

Laudat venales, qui vult extrudere merces. (Horaz)
Es lobt die Waren, wer den Preis hochtreiben will.

Laureum baculum gesto. (Sprichwort)
Ich trage einen Lorbeerstock. – Man meinte im Altertum, dass der Lorbeer ein Mittel gegen Gift und ein Schutz gegen Blitz sei.

Laus Deo!
Gott (sei) Lob!

Laus in proprio ore sordescit. (Sprichwort)
Lob wird schmutzig im eigenen Munde. – Eigenlob stinkt.

L. c.
Abkürzung für loco citato. – S. u. Loc. cit. An der angeführten Stelle.

Lege artis.
Nach den Regeln der Kunst.

Lege totum, si vis scire totum.
Lies alles, wenn du alles wissen willst.

Lector benevole!
Geneigter Leser!

Legali modo.
Auf gesetzliche Weise.

Legatus a latere.
Ein päpstlicher Gesandter.

Leonem larva terres.
Den Löwen erschreckst du mit einer Maske. – Wer der Gefahr frisch unter Augen geht, dem entweicht sie.

Leonina societas.
Einen Löwengemeinschaft. – Nach der Aesopischen Fabel, in der dem Löwen vom Fuchs der »Löwenanteil« wird.

Leporis vitam vivit. (Sprichwort)
Er lebt das Leben eines Hasen.

Leves homines futuri sunt improvidi. (Tacitus)
Leichtsinnige Menschen sind sorglos hinsichtlich der Zukunft.

Levis adhuc puer est, levis autem sermo puellae.
Glatt ist noch der Knabe, leicht aber die Rede des Mädchens.

Lex dura, sed lex.
Ein hartes Gesetz, aber ein Gesetz. – Schlechte Gesetze sollen immer noch besser sein, als gar keine.

Lex et regio.
Gesetz und Land. – Die beiden gehören ebenso wie Religion und Land zusammen. S. o. Cuius regio etc.

Lex incompleta.
Ein unvollständiges Gesetz.

Lex mihi Mars.
Mir gilt Mars (der Krieg) als Gesetz.

Lex neminem cogit ad impossibila.
Das Gesetz zwingt niemanden zum Unmöglichen.

Lex prospicit non respicit.
Das Gesetz blickt voraus, nicht zurück. – Es trifft Vergehen, die in der Zukunft begangen werden, nicht solche, die schon begangen waren, als es entstand.

Lex scripta – lex non scripta.
Das geschrieben – das nicht geschriebene Gesetz. – Letzteres pflanzt sich durch Überlieferung fort.

Lex terrae.
Das Gesetz des Landes.

Lex universa est quae iubet nasci et mori. (Syrus)
Es ist ein Weltgesetz, das entstehen und vergehen lässt.

Libertas academia.
Die akademische Freiheit.

Libertas est potestas faciendi id quod iure licet.
Freiheit ist das Vermögen, das zu tun, was nach dem Rechte frei ist. – Auch die Freiheit muss in Gesetz und Recht ihre Grenzen haben.

Libertatem, quam peperere maiores, digne studeat servare posteritas.
Die von den Vorfahren erworbene Freiheit würdig zu bewahren, möge die Nachwelt sich beeifern. – Diese Inschrift befand sich im Innern des 1673 erbauten Deichtors zu Hamburg. Als dies 1828 abgerissen wurde, war die Inschrift unter der Uhr des alten Rathauses angebracht und steht über dem Hauptportal des neuen.

Liberum arbitrium.
Der freie Wille. Die Selbstbestimmung.

Liberum veto.
Das freie Einspruchrecht (gegen Ausführung der Beschlüsse einer Versammlung).

Libido effrenata effrenatam appetentiam efficit. (Sprichwort)
Zügellose Lust erzeugt zügellose Begierde.

Licentia poetica.
Poetische Lizenz. Dichterische Freiheit. – Eine Freiheit, die schon nach Ansicht der Griechen und Römer dem Dichter bei seinem Schaffen – gewissen Verhältnissen und Tatsachen gegenüber – zusteht.

Licet.
Es ist erlaubt. – Das Wort ist jedoch auch zur Konjunktion geworden und heißt dann »obgleich«.

Lignum sanctum.
Das heilige Holz. – Guajak- oder Franzosenholz.

Lingua sile; non est ultra narrabile quicquam! (Ovid)
Zunge schweige; weiter ist da nichts zu erzählen.

Linguam compescere, virtus non minima est.
Die Zunge zu zähmen, ist nicht die kleinste Tugend.

Linquenda tellus et domus et placens uxor. (Horaz)
Verlassen musst du die Erde, dein Haus und die sanfte Gattin.

Lis litem generat. (Sprichwort)
Streit erzeugt Streit.

Litera scripta manet.
Der geschriebene Buchstabe bleibt. – Das gesprochene Wort wird leicht vergessen.

Literae Bellerophontis. (Sprichwort)
Ein Bellerophonsbrief. – Ein solcher ist gleich einem Uriasbriefe; denn wie David dem Urias, dem ersten Manne der Bath Seba, einen Brief an Joab mitgab, der Letzterem auftrug, den Urias dahin zu stellen, wo der Streit am härtesten sei; so gab König Proitos von Argos dem Bellerophon einen Brief an seinen Schwiegervater Jobates mit, der Letzteren beauftragte, den Überbringer zu töten.

Literae humaniores.
Menschheitswissenschaften. – Die Wissenschaften, welche nur – wie die Philosophie – um ihrer selbst willen von den Menschen getrieben werden, nicht zu irgendeinem praktischen Zwecke.

Literis et artibus.
In Wissenschaft und Künsten.

Litus ama, altum alii teneant. (Vergil)
Liebe das Ufer, die Höhe mögen andere halten. – Halte du dich in Sicherheit, lass andere Gefahren aufsuchen.

Loc. cit.
Auch: l. c. für loco citato. – S. o. an der angeführten Stelle.

Locum tenens.
Platzhalter. Stellvertreter. Lieutenant.

Locus minoris resistentiae.
Die Stelle des geringeren Widerstandes.

L. S.
Für Locus sigilli und Loco sigilli. Die Stelle des Siegels und: Anstatt des Siegels.

Locus standi.
Der Standort. Gesichtspunkt.

Longe absit.
Das sei ferne.

Longo sed proximus intervallo.
Nach langem Zwischenraume, jedoch als der Nächste. – Der jüngere Plinius meint, dass er hinsichtlich des literarischen Wertes als der Nächste nach Tacitus komme, freilich nach langem Zwischenraume.

Longum iter est per praecepta,
breve et efficax per exempla. (Seneca)
Lang ist der Weg durch Vorschriften, kurz und wirksam durch Beispiele.

Loquentiae multum,
sapientiae parum. (Val. Prob. B. Gellius)
Des Schwatzens viel, der Weisheit zu wenig.

Lotis manibus.
Mit gewaschenen Händen.

Lubrici sunt fortunae gressus.
Schlüpfrig sind die Wege des Glücks.

Lucet; eamus, quo ducit gula. (Horaz)
Es tagt; lasst uns gehen, wohin die Kehle führt.

Lucri caussa (causa).
Des Gewinnes wegen.

Lucus a non lucendo.
Hain vom Nichtleuchten. – Der Wald heißt lucus, weil es nicht hell darin ist.

Ludibrio habere aliquem.
Jemand zum Gespött haben.

Ludi paganorum.
Spiele der Heiden.

Ludit in humanis divina potentia rebus. (Ovid)
Es spielt in den menschlichen Dingen die göttliche Macht.

Lumen mundi.
Licht der Welt.

Lumen soli mutuum das. (Sprichwort)
Leihweise gibst du der Sonne Licht. – So sagt man von einem Menschen, der erklärt, was an sich klar ist.

Lupum auribus tenere.
Einen Wolf bei den Ohren halten. – Das scheint so schwierig, wie den Ochsen bei den Hörnern packen.

Lupus in fabula.
Der Wolf in der Fabel. – Dieser hatte die Macht, dem die Stimme zu rauben, dem er erschien – erscheint ein Mensch in einer Gesellschaft, wo gerade von ihm gesprochen wird, so ruft er augenblicklich Stille hervor.

Lupus non curat numerum.
Der Wolf kümmert sich nicht um die Zahl. – Der Wolf frisst auch gezählte Schafe. Das Zählen nützt also ihm gegenüber nichts.

Lupus pilum mutat, non mentem. (SPRICHWORT)
Der Wolf wechselt sein Haar, nicht seinen Geist (seine Natur).

Lustrum.
Ein Zeitraum von fünf Jahren.

Lusus ingenii.
Ein Spiel des Geistes, Denkspiel.

Lusus naturae.
Ein Naturspiel.

Lux et dux.
Licht und Führer.

Lux in tenebris.
Licht in der Finsternis.

Lux mea est dominus.
Der Herr ist mein Licht.

M

Macte animo (animi)!
Heil deinem Geiste!

Macte virtute! (Vergil)
Brav in der Tugend!

Magis mutus quam piscis. (Sprichwort)
Stummer als ein Fisch.

Magister.
Lehrer, Meister.

Magister alius casus. (Plinius d. Ä.)
Ein andrer Meister ist der Zufall.

Magister artium liberalium.
Lehrer der freien Künste. – Etwa gleichbedeutend mit Doktor der Philosophie.

Magna Charta.
Der große Freibrief des engl. Königs Johann. 1216.

Magna cum laude.
Mit großem Lob; mit großer Auszeichnung.

Magni nominis umbra. (Lucan)
Der Schatten eines großen Namens. – Ist der unbedeutende Nachkomme eines großen Mannes.

Magnum bonum.
Ein großes Gut.

Magnum vectigal est parsimonia. (Cicero)
Ein großes Einkommen ist die Sparsamkeit.

Maior domus.
Der Großhofmeister am fränkischen Hofe zur Zeit der Merovinger.

Maior e longinquo reverentia. (Tacitus)
Größer ist die Ehrfurcht aus der Ferne. – Aus der Ferne bemerkt man nichts von den kleinen Schwächen eines großen Mannes.

Maiori cedo = cedo maiori.
Ich weiche dem Größeren; ich mache ihm Platz, ich füge mich ihm.

Mala fides.
Schlechte Redlichkeit, Unaufrichtigkeit. – Der Gegensatz ist: bona fides: Aufrichtigkeit.

Mala gallina, malum ovum. (Sprichwort)
Schlechtes Huhn, schlechtes Ei. – Das Ei ist nicht besser als die Henne.

Mala mali malo mala contulit omnia mundo;
Causa mali tanti femina sola fuit.
Der Kinnbacken des Bösen brachte mit dem Apfel der Welt alle Übel, die Ursache eines so großen Übels war allein die Frau.

Mala mens, malus animus. (Terenz)
Schlechtes Herz, schlechte Gesinnung.

Mala ultro adsunt. (Sprichwort)
Unglück kommt von selbst.

Male parta male dilabuntur.
Übel Erworbenes zerrinnt übel.

Mali corvi malum ovum.
Eines schlechten Raben schlechtes Ei. – S. o. Mala gallina etc.

Mali principii malus finis. (Terenz)
Eines schlechten Anfangs Ende ist schlecht.

Malis avibus.
Mit schlechten Vögeln. – Mit schlimmen Vorzeichen.

Malo accepto stultus sapit. (Sprichwort)
Durch erlittenen Schaden wird der Tor weise. – Durch Schaden wird man klug.

Malo cum Platone errare,
quam cum aliis recte sentire. (Cicero)
Ich will lieber mit Plato irren, als mit anderen richtig urteilen.

Malo nodo malus quaerendus cuneus. (Sprichwort)
Für einen schlechten Knoten ist ein schlechter Keil zu suchen. – Auf einen groben Klotz gehört ein grober Keil.

Malum in se.
Ein Übel an sich.

Malum necessarium.
Ein notwendiges Übel.

Malum nullum est sine aliquo bono. (Plinius)
Kein Übel ist ohne etwas Gutes.

Malum vas non frangitur. (Sprichwort)
Ein schlechtes Gefäß zerbricht nicht.

Malus usus abolendus est.
Ein schlechter Brauch muss abgeschafft werden.

Mandamus.
Wir beauftragen.

Mandatum speciale.
Ein Sonderauftrag; besonderer Befehl.

Manet alta mente repostum. (Vergil)
Es bleibt in tiefer Seele aufbewahrt. – Es haftet in der Erinnerung.

Manibus pedibusque.
Mit Händen und Füßen.

Manipulus.
Eine Handvoll. – Auch eine Anzahl Soldaten, die einem Fähnlein folgen – Manipel.

Manu forti.
Mit tapferer Hand.

Manu larga.
Mit freigebieger Hand.

Manum de tabula!
Die Hand vom Gemälde! – Soll ursprünglich von Appelles – freilich auf Griechisch – dem Protogenes zugerufen sein, welch Letzterer es nicht unterlassen konnte, an einem vollendeten Gemälde noch fortwährend zu bessern.

Manus mortua.

Die tote Hand. – D. i. Kirchengut – das für den Staat gleichsam tot ist.

Manu propria, M. p.

Mit eigener Hand.

Manu scriptum, Manuscriptum, M. s.

Mit der Hand geschrieben, Handschrift, Manuskript.

Manus manum fricat, et manus manum lavat. (Sprichwort)

Eine Hand reibt die andre, und eine Hand wäscht die andre.

Mare apertum.

Die offene See.

Mare clausum.

Das verschlossene Meer.

Maria montesque polliceri. (Sallust)

Meere und Berge versprechen. – Goldene Berge versprechen.

Marte, non arte.

Durch Kampf, nicht durch List.

Mater artium necessitas. (Sprichwort)

Die Mutter der Künste ist die Notwendigkeit. – S. o. Ingenium mala etc.

Mater dolorosa.

Die schmerzensreiche Mutter. – Bildnis der trauernden Mutter Maria.

Mater familias.

Die Familienmutter.

Materia peccans.
Der sündige Stoff. – Das sündige Fleisch.

Materiem superabat opus. (Ovid)
Den Stoff übertraf die Mühe. – Mehr wert als der Stoff ist die Arbeit.

Mature fias senex, si diu velis esse senes. (Sprichwort)
Frühzeitig werde ein Greis, wenn du lange ein Greis sein willst.

Maxima debetur pueris reverentia. (Juvenal)
Die größte Scheu ist man den Knaben schuldig. – Man soll eben die Ohren der Kinder keusch erhalten.

Maximus in minimis.
Der Größte in den kleinsten Dingen. – Groß im Kleinen (Kleinigkeiten).

Mea culpa!
Meine Schuld! – Eingeständnis eines Fehlers, einer Sünde.

Mea parvitas.
Meine Kleinigkeit. – Meine Wenigkeit.

Mea virtute me involvo. (Horaz)
Ich hülle mich in meine Tugend ein. – Er wickelt sich in seine Unschuld.

Media vita in morte sumus.
Mitten im Leben sind wir im Tode (dem Tode nahe).

Mediam in rem. (s. In medias res)
Mitten in eine Sache hinein.

Medice, cura te ipsum!
Arzt heile dich selbst!

Medicus curat, natura sanat.
Der Arzt hilft, die Natur heilt.

Medicus minister naturae.
Der Arzt ist der Diener der Natur.

Media tutissimus ibis. (Ovid)
In der Mitte wirst du am sichersten gehen.

Mediocritas est inter nimium et parum.
Die Mittelmäßigkeit ist zwischen zu viel und zu wenig.

Medium aevum.
Das Mittelalter.

Medium tenuere beati.
Die Mitte haben die Glücklichen festgehalten.

Mehercle (Mehercule)!
Beim Herkules!

Mel in ore, verba lactis, fel in corde, fraus in factis.
Honig im Munde, Worte von Milch, Galle im Herzen, Trug in Taten.

Melior est conditio possidentis.
Besser ist die Lage des Besitzenden. – Glücklich ist der Besitzer.

Melioribus annis.
In besseren Jahren.

Memento mori!
Gedenke zu sterben. – Denk daran, dass du sterben musst. Außerdem ist es der Gruß der Trappisten.

Memento omnia mihi et in omnes licere.
Bedenke, dass mir alles und gegen alle zu tun freisteht.

Memorabilia.
Erinnerungswerte Ereignisse.

Memoria in aeterna.
Zum ewigen Gedächtnis; Ein Andenken für immer.

Mendacem memorem esse oportet. (QUINTILIAN)
Ein Lügner muss ein gutes Gedächtnis haben.

Mendacia non diu fallunt.
Lügen täuschen nicht lange.

Mendico ne parentes quidem amici sunt. (SPRICHWORT)
Dem Bettler sind nicht einmal die Eltern freundlich gesinnt.

Mens agitat molem.
Der Geist bewegt die Masse.

Mens bona regnum possidet. (SPRICHWORT)
Ein guter Verstand besitzt das Reich. – Lieblingsspruch des Kaisers Nerva.

Mens conscia recti.
Ein des Rechten sich bewusster Geist.

Mens invicta manet.
Der Geist bleibt unbesiegt.

Mens sana in corpore sano. (JUVENAL)
Gesunder Geist in gesundem Leib.

Mens vertitur cum fortuna.
Der Sinn ändert sich mit dem Vermögen (dem Glück).

Mente captus.
Beschränkt.

Meo sum pauper in aere. (Horaz)
Ich bin in meinem Erze arm. – Ich bin zwar arm, aber ich habe keine Schulden.

Merces virtutis laus est. (Sprichwort)
Der Lohn der Tugend ist Lob.

Mero iure.
Nach reinem Rechte.

Merx ultronea putet.
Geschenkte Ware stinkt. – Einem geschenkten Gaul sieht man nicht ins Maul.

Miles gloriosus.
Der ruhmvolle (prahlerische) Krieger. – Der Titel eines Lustspiels von Plautus.

Milita omnis amans. (Ovid)
Jeder Liebhaber dient (Kriegsdienst).

Mille modi Veneris.
Tausend Weisen der Venus. – Tausend Wege der Liebe.

Minima non curat praetor.
Um kleinliche Dinge bekümmert sich der Prätor (der römische Richter) nicht.

Minimum.
Das Geringste.

Minutiae.
Kleinliche Dinge.

Mirabile dictu. (Vergil)
Wunderbar zu sagen.

Miro modo.
Auf wunderbare Weise.

Miscere iocis seria.
Mit Scherzen Ernstes mischen.

Misce stultitiam consiliis brevem. (Horaz)
Mische kurze Torheit zu deinen Plänen. – Unablässigen Ernst, unablässigen Scherz kann der Mensch nicht vertragen.

Miscuit utile dulci. (Horaz)
Er vermischte Nützliches mit dem Angenehmen.

Misera contribuens plebs.
Das elende steuerzahlende Volk. – Den Gegensatz dazu bilden die Erimierten, der Adel und die Geistlichkeit; sie waren ja von Steuern frei.

Misera est magni custodia census. (Juvenal)
Ein Unglück ist es, ein großes Vermögen zu bewachen.

Misera mors sapienti non potest accidere. (Cicero)
Ein elender Tod kann dem Weisen nicht zuteil werden.

Misericordias Domini.
Die Barmherzigkeit des Herrn. – Name des zweiten Sonntags nach Ostern.

Miseris succurrere disco. (Vergil)
Ich lerne, den Elenden zu Hilfe kommen.

Missa solemnis.
Eine feierliche Messe.

Missio canonica.
Ein kirchlicher Auftrag.

Mixtum compositum.
Eine gemischte Zusammensetzung *oder* eine zusammengesetzte Mischung. – Gewöhnlich will man mit dem Ausdruck eine Mischung nicht zusammengehöriger Dinge bezeichnen.

Mobilitatae viget viresque acquirit eundo. (Vergil)
Es blüht durch Beweglichkeit und bekommt Kräfte durch Gehen. – Dieses sonderbare Wesen ist das Gerücht.

Mobilium turba Quiritium. (Horaz)
Die Schar der wankelmütigen Quiriten. (Römer).

Moderamen inculpatae tutelae.
Die Milderung unverschuldeter Notwehr.

Moderata durant. (Seneca)
Das Gemäßigte dauert.

Modica castigatio.
Eine mäßige Züchtigung.

Modice.
Mäßig.

Modus omnibus in rebus optimum est habitu. (Plautus)
In allen Dingen Maß zu halten ist das Beste.

Modus operandi.
Die Art des Wirkens.

Modus procedendi.
Die Art des Vorgehens.

Modus vivendi.
Die Art des Lebens. – Gewöhnlich: Die Art des Verkehrs mit einem anderen.

Molestus interpellator venter.
Ein lästiger Störenfried ist der Magen.

Mollia tempora fandi. (Horaz)
Die günstigen Zeiten zu sprechen.

Monitoribus asper. (Horaz)
Den Ermahnern unhold.

Montes auri pollicens.
Berge Goldes versprechend.

Monumenta Germaniae historica.
Die geschichtlichen Denkmäler Deutschlands. – D. i. die gesammelten Geschichtsquellen.

Monumentum aere perennius. (Horaz)
Ein Denkmal dauernder als Erz.

Mora trahit periculum.
Verzug bringt Gefahr.

Morbus gallicus.
Die gallische Krankheit.

More consueto.
Gebräuchlicherweise.

More maiorum.
Nach Sitte der Vorfahren.

More patrio.
Nach väterlicher Sitte.

More solito.
Nach gewohnter Sitte.

More suo.
Nach seiner Weise.

Morituri de salutant!
Die in den Tod Gehenden grüßen dich!

Mors et vita in manibus linguae. (Sprichwort)
Tod und Leben in den Händen der Zunge.

Mors omnibus communis.
Der Tod ist allen gemeinschaftlich.

Mortua manus.
Die tote Hand. – Bekanntlich wird so die Kirche in Beziehung zu ihren Besitzungen genannt.

Mortui non mordent.
Die Toten beißen nicht.

Mortuo leoni et lepores insultant. (Sprichwort)
Den toten Löwen beleidigen selbst die Hasen.

Mos legem regit.
Die Sitte beherrscht das Gesetz.

Motu proprio.
Aus eigenem Antriebe.

Mulgere hircum. (Sprichwort)
Einen Bock melken.

Mulier taceat in ecclesia.
Das Weib schweige in der Kirche. – D. i. in kirchlichen Dingen.

Multa cadunt inter calicem supremaque labra.
Vieles ereignet sich zwischen dem Kelch und der Lippe Rand.

Multa docet fames. (Sprichwort)
Vieles lehrt der Hunger. – Der Hunger lehrt mausen; der Hunger macht aus rohen Bohnen süße Mandeln.

Multa nocent.
Viel schadet.

Multa paucis.
Vieles mit wenigem.

Multi adorantur in ara, qui cremantur in igne. (Augustinus)
Viele werden auf dem Altar angebetet, die im Feuer brennen.

Multi sunt invitati, sed pauci eximii.
Viele sind berufen, aber wenige auserwählt.

Multis ictibus deiicitur quercus.
Durch viele Hiebe wird die Eiche gefällt.

Multis ille bonis flebilis occidit,
nulli flebilior quam tibi. (Horaz)
Vielen Guten beweinenswert starb jener dahin, keinem beweinenswerter als dir.

Multitudo canum mors est leporum.
Die Menge der Hunde ist der Tod der Hasen.

Multorum annorum opus.
Das Werk vieler Jahre.

Multos timere debet, quem multi timent. (Syrus)
Viele muss fürchten, wen viele fürchten.

Multum in parvo.
Vieles im kleinen.

Multum, non multa.
Vieles, nicht vielerlei.

Multum sapit qui non diu desipit. (Sprichwort)
Sehr weise ist, wer nicht lange unweise ist.

Munditiis, capimur. (Ovid)
Durch Reinlichkeit werden wir gewonnen. – Dieselbe nimmt uns für den Menschen ein, der sich ihrer befleißigt.

Mundus vult decipi, ergo decipatur.
Die Welt will betrogen sein, so werde sie betrogen.

Munerum animus optimus est. (Sprichwort)
Der Gaben beste ist die Absicht. Wenn auch die Kräfte fehlen, so ist doch der Wille zu loben.

Mutatio rerum.
Veränderung der Dinge.

Mutatis mutandis.
Nach Änderung des zu Ändernden.

Mutato nomine de te fabula narratur. (Horaz)
Mit geändertem Namen wird die Geschichte von dir erzählt. – Von dir handelt die Geschichte, nur der Name ist geändert.

Mutum est pictura poema.
Ein stummes Gedicht ist ein Gemälde.

Mutuum silentium.
Ein wechselseitiges Stillschweigen.

N

Nam tua res agitur, paries cum proximus ardet. (Ovid)
S. u. Tua etc.

Nam vitiis nemo sine nascitur. (Horaz)
Denn ohne Fehler wird niemand geboren.

Nascentes morimur, finisque ab origine pendet. (Manilius)
Indem wir geboren werden, sterben wir, und das Ende beruht auf dem Anfang.

Nascuntur poetae, fiunt oratores. (Cicero)
Die Dichter werden geboren, die Redner bilden sich.

Natale solum dulce.
Süß ist der heimische Boden.

Nati melioribus annis.
Geboren in besseren Jahren (Zeiten).

Natura cupiditatem ingenuit homini veri vivendi. (Cicero)
Die Natur pflanzte dem Menschen die Begierde, das Wahre zu sehen, ein (den Trieb nach Wahrheit).

Natura dedit usuram vitae tamquam pecuniae, nulla praestituta die. (Cicero)
Die Natur gewährte den Genuss des Lebens wie denjenigen einer Geldsumme, für die kein Rückzahlungstag festgesetzt ist.

Natura deorum.
Die Natur der Götter.

Natura hominum.
Die Natur der Menschen.

Naturalia non sunt turpia.
Natürliche Dinge sind nicht schimpflich.

Naturalis historia.
(Nicht umgekehrt) nannte der ältere Plinius sein Werk, das allein von all seinen Schriften uns erhalten geblieben ist. Es behandelt in demselben so ziemlich alle Gebiete der Naturwissenschaften.

Naturam expellas furca; tamen usque recurret. (Horaz)
Die Natur magst du mit einer Gabel austreiben, doch wird sie stets wiederkehren.

Natura naturans – natura naturata.
Die bildende Natur – die gebildete Natur. – Die beiden Prinzipien der Dualisten.

Natura non dat virtutem;
nascimur quidem ad hoc, sed sine hoc. (Cicero)
Die Natur gibt nicht die Tugend; wir werden zwar dazu (im Besitze der Tugend zu sein) geboren, aber ohne dies.

Natura non facit saltus.
Die Natur macht keine Sprünge. Es beruht in ihr eben alles auf allmählicher Entwicklung.

Natura sanat, medicus curat.
Die Natur heilt, der Arzt behandelt.

Navigare necesse est, vivere non est necesse.
Schifffahrt zu treiben ist notwendig, zu leben ist nicht not-

wendig. – Diese stolze Inschrift befindet sich über der Eingangstür zum großen Saal des Hauses »Seefahrt« in Bremen. Prinz Heinrich von Preußen erklärte diesen Spruch bei seiner Teilnahme an der Schaffermahlzeit im Jahre 1892 dahin: Schiffahrt und Handel treiben ist notwendig, wenn man auch dabei sein Leben einsetzt und verliert.

N. B.!
Ist zuweilen die Abkürzung für Nota bene! Merke wohl!

Ne Aesopum quidem trivisti (trivit).
Nicht einmal den Aesop hast du (hat er) getrieben. – Die Fabeln des Aesop waren stets das erste Schulbuch.

Ne bis in idem.
Nicht zweimal gegen dieselbe Sache einen Prozess führen.

Nec aspera terrent.
Auch Schwierigkeien schrecken nicht.

Nec caput, nec pedes. (Cicero)
Weder Kopf, noch Füße.

Nec cui de te plus quam tibi credas. (Sprichwort)
Und traue keinem inbetreff deiner mehr als dir. – Wenn jemand z. B. dich nach deiner Ansicht unverdient lobt, so glaube dir mehr als ihm.

Nec domui dominus,
sed domino domus honestanda est. (Cicero)
Dem Hause kommt es nicht zu, den Herrn, sonderm dem Herrn das Haus in Ehren zu halten.

Necesse est cum insanientibus furere,
nisi solus relinqueris. (Petronius Arbiter)
Du musst mit den Rasenden rasen, wenn du nicht allein gelassen werden willst.

Necessitas est lex temporis et loci.
Die Notwendigkeit ist das Gesetz der Zeit und des Ortes.

Necessitas non habet legem.
Die Notwendigkeit hat (kennt) kein Gesetz.

Nec imbellem feroces progenerant aquilae columbam. (Horaz)
Auch haben die wilden Adler nicht die unkriegerische Taube erzeugt.

Nec mora, nec requie. (Vergil)
Und kein Aufenthalt, keine Ruhe.

Nec pluribus impar.
Und auch mehreren gewachsen. – Auch stärker als mehrere.

Nec plus ultra.
Und nicht weiter; nicht darüber hinaus.

Nec scire fas est omnia. (Horaz)
Und es ist nicht erforderlich, alles zu wissen.

Nec semper feriet quodeumque minabitur arcus. (Horaz)
Und nicht immer wird er treffen, was er bedroht, der Bogen.

Ne cuivis dextram inieceris. (Sprichwort)
Gib nicht jedem gleich die Hand. – Sei nicht zu vertrauensselig.

Ne depugnes in alieno negotio. (Sprichwort)
Kämpfe nicht in fremder Sache.

Ne differas in crastinum.
Verschiebe nicht auf morgen.

Ne gladium tollas, mulier. (Sprichwort)
Erhebe nicht das Schwert, Weib. – Befasse dich nicht mit Dingen, die du nicht kennst.

Nego consequentiam.
Ich leugne die Folge.

Negotiis par.
Den Geschäften gewachsen.

Ne Iupiter quidem omnibus placet. (Sprichwort)
Nicht einmal Jupiter gefällt allen.

Neminem laede, uno omnes quantum potes iuva.
Verletze niemand, hilf vielmehr allen, soweit du kannst.

Nemini dixeris, quae nolis efferi. (Sprichwort)
Sage niemanden, wovon du nicht willst, dass es bekannt wird.

Nemini fidas, nisi cum quo prius modium salis absumpseris.
Traue keinem, außer demjenigen, mit dem du einen Scheffel Salz vorher verzehrt hast.

Nemo ante mortem beatus. (Ovid)
Niemand (ist) vor dem Tode glücklich. – Nach Solons Worten, die er zum Krösus sprach.

Nemo bene imperat, nisi qui paruerit imperio. (Sprichwort)
Niemand befiehlt gut, außer wer einem Befehle gehorcht hat. – Wer befehlen will, muss erst gehorchen lernen.

Nemo dat, quod non habet.
Niemand gibt, was er nicht hat.

Nemo errat uni sibi,
sed dementiam spargit in proximos. (SENECA)
Niemand irrt für sich allein, sondern verbreitet den Unsinn auf die Umgebung.

Nemo est ab omni parte beatus.
Niemand ist in jeder Beziehung glücklich.

Nemo ita pauper vivit, quam pauper natus est. (SYRUS)
Niemand lebt so arm, wie er geboren ist.

Nemo laeditur, nisi a se ipso. (SPRICHWORT)
Niemand wird beleidigt, außer von sich selbst. – Seine Empfindung ist es erst, die die Beleidigung macht.

Nemo malus felix, minime corruptor. (JUVENAL)
Kein Schlechter ist glücklich, am wenigsten der Verführer.

Nemo me impune lacessit.
Wehe, wer mich reizt!

Nemo me impune laeserit.
Niemand wird mich ungestraft verletzen. – Die Bisamdistel (Cardutus nutans) hat einen würzigen Duft und einen leicht beweglichen Blütenkopf, ist aber sonst allenthalben mit Stacheln bewehrt. Darum nahm sie ein König der bekehrten Pikten (Gungo) nach seinem Siege über die halbheidnischen Briten zum Wappen, indem er den obigen Wahlspruch hinzufügte. Von da aus ist er als Emblem in den schottischen und englischen Andreasorden übergegangen.

Nemo mortalium omnibus horis sapit. (PLINIUS D. Ä.)
Keiner der Sterblichen ist zu allen Stunden weise.

Nemo nostrum non peccat.
Niemand von uns sündigt nicht.

Nemo potest nudo vestimenta detrahere. (Sprichwort)
Keiner kann einem Nackten Kleider ausziehen.

Nemo prudens punit, quia peccatum est, sed ne peccetur. (Seneca)
Kein Vernünftiger straft, weil gefehlt ist, sondern damit nicht gefehlt werde.

Nemo scit, ubi calceus urat, nisi qui eum portat.
Niemand weiß, wo der Schuh brennt (drückt), außer wer ihn trägt.

Nemo solus sapit satis. (Plautus)
Niemand wird allein weise genug. – Nur durch andre wird man weise.

Nemo sua sorte contentus.
Niemand ist mit seinem Lose zufrieden.

Nemo tenetur ad impossibile.
Niemand ist zum Unmöglichen gehalten (verpflichtet).

Nemo tenetur se ipsum accusare.
Niemand ist gehalten, sich selbst anzuklagen.

Nemo ultra posse obligatur. = Ultra posse nemo obligatur.
Über das Können hinaus ist niemand verpflichtet.

Ne plus ultra. = Nec plus ultra. = Non plus ultra.
Nicht weiter. – Nicht darüber hinaus.

Nepotismus.
Vetternwirtschaft.

Ne praesentem aquam effundas, priusquam aliam sis adeptus. (Sprichwort)
Gieße nicht vorhandenes Wasser aus, bevor du anderes er-

langt hast. – Man soll das trübe Wasser nicht eher weggießen, als man reines hat.

Ne prius antidotum quam venenum. (Sprichwort)
Nicht eher das Gegenmittel, als das Gift. – Das Wort wird zur Bezeichnung unnötiger Entschuldigung von Augustinus gebraucht.

Ne puero gladium. (Sprichwort)
Dem Knaben (gib) kein Schwert.

Neque caecum ducem, neque amentem consultorem.
Weder einen blinden Führer, noch einen verrückten Ratgeber. – Die Worte sind Übersetzung eines Ausspruches des Aristophanes.

Neque mel, neque apes. (Sprichwort)
Kein Honig, keine Bienen. – Es gibt keinen Honig, wo keine Bienen sind.

Neque semper arcum tendit Apollo. (Horaz)
Und nicht immer spannt Apollo seinen Bogen. – Er droht also nicht immer.

Ne quid nimis. (Terenz)
Nichts zu viel.

Nequissimi hominis est prodere amicum.
Des nichtswürdigsten Menschen Sache ist es, den Freund zu verraten.

Nervi belli pecunia infinita. (Cicero)
Die Nerven des Krieges (sind) unerschöpfliche Geldmittel.

Nervis omnibus. (Sprichwort)
Mit allen Nerven. – Mit allen Kräften.

Nervus rerum.

Der Nerv (Kern) der Dinge. – Die Hauptsache.

Nescia mutari ad mores natura recurrit.

Unfähig, sich zu ändern, nimmt die Natur ihre Zuflucht zu Sitten.

Nescis, mi fili, quantilla prudentia mundus (orbis) regatur!

Du weißt nicht, mein Sohn, mit wie wenig Klugheit die Welt regiert wird!

Nescis, quid serus vesper vehat. (Sprichwort)

Du weißt nicht, was der späte Abend bringt.

Nescit plebs ieiuna timere. (Sprichwort)

Ein hungerndes Volk kennt keine Furcht.

Nescit vox missa revertere. (Horaz)

Das gesprochene Wort kann nicht zurückkehren.

Ne sit tibi curta supellex.

Mögest du keinen mangelhaften Hausrat haben. – Mögest du mit allem Notwendigen wohl versehen sein.

Ne sus Minervam. (Sprichwort)

Die Sau soll nicht die Minerva (tadeln). – So sagt man von einem Dummkopf, der Leute beurteilen will, welche über ihm stehen. – Die Sau will den Doktor lehren.

Ne sutor supra (ultra) crepidam.

Der Schuster (urteile) nicht (über das,) was über dem Schuh ist. – Die Worte sollen Übersetzung eines Ausspruches von Apelles sein. Nach der alten Erzählung tadelte ein Schuster am Bilde des Künstlers, dass die Schuhe nicht richtig gemalt seien. Apelles fand dies begründet, und der Schuster, hierdurch kühn geworden, wollte nun das ganze Gemälde einer Kritik unterziehen, als der Maler ihm die obigen Worte zurief.

Ne tentes, aut perfice. (Sprichwort)
Versuche nicht, oder vollende. – Man soll nichts halb tun.

Ne verba pro farina. (Sprichwort)
Keine Worte für Mehl. – Die nützen gerade so wenig wie Ratschläge, wenn man Hilfe erwartet.

Nexus feudalis; - parochialis.
Lehensverband; Kirchenverband.

Ni fallor.
Wenn ich mich nicht irre.

Nigro notanda lapillo.
Mit schwarzem Steine zu bezeichnen. – Das ist ein Unglückstag. – Der muss schwarz angestrichen werden.

Nihil a deo vacat; opus suum ipse implet. (Seneca)
Nichts ist leer von Gott; er selbst erfüllt sein Werk.

Nihil ad rem, nihil ad rhombum.
Nichts zur Sache, nichts zur Raute. – Das gehört nicht hierher.

Nihil agendo homines male agere discunt.
Durch Nichtstun lernen die Menschen Übel tun.

Nihil aliud necessarium, ut sis miser, quam ut te miserum credas.
Nichts anderes ist dazu nötig, dass du unglücklich bist, als dass du dich für unglücklich hältst.

Nihil eripit fortuna, nisi quod dedit. (Syrus)
Nichts entrafft das Geschick, außer was es gegeben hat.

Nihil est ab omni parte beatum. (Horaz)
Nichts ist in jeder Beziehung glücklich. – Es gibt kein vollständiges Glück.

Nihil est veritatis luce dulcius. (Cicero)
Nichts ist süßer als das Licht der Wahrheit.

Nihil habenti nihil deest.
Dem, der nicht hat, fehlt nichts.

Nihil honestum esse potest, quod iustitia vacat. (Cicero)
Nichts kann ehrenhaft sein, was der Gerechtigkeit entbehrt.

Nihil humani a me alienum puto. (Terenz)
Nichts Menschliches halte ich für etwas mir Fremdes.

Nihil interest.
Kein Unterschied.

Nihil probat, qui nimium probat.
Nichts beweist, wer zu viel beweist.

Nihil scire est vita iucundissima. (Sprichwort)
Nichts zu wisssen, ist das angenehmste Leben. – Die Dummheit kommt überall fort; Unwissenheit ist ein gutes Schlummerkissen; Unwissenheit ist die größte Armut.

Nihil sciri potest, ne id ipsum quidem.
Nichts kann man wissen; nicht das einmal (dass man nichts wissen kann).

Nihil sub sole novi.
Nichts Neues unter der Sonne.

Nihil tam fixum est, quod non expugnari pecunia possit. (Cicero)
Nichts ist so befestigt, dass es durch Geld nicht erobert werden könnte.

Nil admirari.
Nichts zu bewundern. – Das war nach Plutarch Grundsatz des

Pythagoras. Auch Horaz sagt in seinem Briefe an den Numicius:

Nil admirari prope res est una, Numici, solaque, quae possit facere et servare beatum.
Nichts zu bewundern, Numicius, ist fast einzig und allein die Sache, welche glücklich machen und erhalten könnte.

Nil dictum quod non dictum prius. (Sprichwort)
Es ist nichts gesagt, was nicht vorher gesagt wäre.

Nil mortalibus arduum est. (Horaz)
Nichts ist den Sterblichen allzu schwer.

Nil prodest, quod non laedere possit idem. (Ovid)
Es nützt nichts, was nicht gleichzeitig schaden könnte.

Nil similius insano quam ebrius. (Sprichwort)
Nichts ist einem Wahnsinnigen ählicher als ein Betrunkener.

Nil sine magno vita labore dedit mortalibus. (Horaz)
Nichts gab das Leben den Sterblichen ohne große Arbeit.

Nil tam difficile est, quod non sollertia vincat. (Sprichwort)
Nichts ist so schwer, dass es Geschicklichkeit nicht überwände.

Nil terra ingrato pectore peius alit.
Nichts Schlechteres ernährt die Erde als ein undankbares Herz.

Nil volenti difficile est.
Nichts ist dem schwer, der will. – Der Mensch kann alles, was er will.

Nimia cura deterit magis quam emendat. (Sprichwort)
Zu viel Sorge verschlechtert mehr als sie verbessert.

Nimia familiaritas parit contemptum. (Sprichwort)
Zu große Vertrautheit erzeugt Verachtung.

Nimium altercando veritas amittitur. (Sprichwort)
Durch zu viel Streiten verliert man die Wahrheit. – Streit trübt die Wahrheit.

Nimium ne crede colori. (Vergil)
Traue nicht zu sehr der Farbe. – Der Schein trügt.

Nisi caste, saltem caute. (Sprichwort)
Wenn nicht keusch, wenigstens vorsichtig. – Dies Wort rechtfertigt vollkommen das vorhergehende.

Nitimur in vetitum semper, cupimusque negata. (Ovid)
Wir streben immer nach dem Verbotenen und wünschen das Versagte.

Nobile vindictae genus est ignoscere victo.
Eine edle Art der Rache ist es, dem Besiegten zu verzeihen.

Nobis bene, nemini male.
Uns wohl, niemandem übel. – Uns zum Nutzen, niemandem zum Schaden. – Die Inschrift des Tores zwischen dem Hamburger St. Pauli und Altona, woher dieses Tor denn auch Nobistor genannt wird.

Nocet empta dolore voluptas. (Horaz)
Es schadet das durch Schmerz erkaufte Vergnügen. – Weil die unwiderstehliche Begierde nach einem solchen nur in der Leidenschaft ihren Grund hat.

Noctuas Athenas.
Eulen nach Athen (tragen). – Das ist eine zwecklose Arbeit, weil in Athen, der Stadt der eulenäugigen Athene, diese Vögel besonders verehrt und gepflegt wurden.

Nodum in scirpo quaerere. (Sprichwort nach Terenz)

Einen Knoten in der Binse suchen. – Schwierigkeiten sehen, wo keine sind; denn die Binsen haben bekanntlich keine Knoten.

Nolens volens.

Nichtwollend wollend. – Ohne weiteres, trotz alles Widerstrebens.

Noli equi dentes inspicere donati. (Sprichwort)

Siehe die Zähne des geschenkten Pferdes nicht nach. – Einem geschenkten Gaul sieht man nicht ins Maul.

Noli me tangere.

Rühre mich nicht an. – Die Worte sagt nach dem Johannisevangelium der auferstandene Jesus zu Maria. Nach der so benannten Waldpflanze aus der Familie der Balsaminen, die bei Berührung der Samenkapsel dieselbe öffnet und den Samen fortschleudert, werden Dinge, deren Erörterung Aufregung verursacht, und gleichfalls auch leicht reizbare Personen so genannt.

Noli turbare circulos meos.

Verwirre mir meine Kreise nicht! – rief Archimedes dem römischen Soldaten zu, der bei der Einnahme von Syrakus auf ihn zutrat.

Nomen et omen.

Der Name (ist) auch Vorbedeutung.

Nomina sunt odiosa.

Namen sind verhasst. – Weil ein Nennen von Namen leicht Schaden bringen kann.

Non aurum est quodcumque nitet, non gemma quod ardet.

Nicht immer ist Gold, was glänzt, nicht Edelstein, was glüht.

Non avis aucupibus monstrat, qua parte petatur.
Nicht zeigt der Vogel den Voglern, wie er gefangen wird. – Nur ein Narr legt sich selbst eine Schlinge.

Non caret is, qui non desiderat.
Der entbehrt nicht, der keinen Wunsch hegt.

Non cuivis homini contingit adire Corinthum. (Horaz)
Nicht jedem Menschen fällt es zu, nach Korinth zu gelangen. – Die Worte sind nur Übersetzung eines Pindarischen Verses. Korinth war im Altertum die üppigste der griechischen Städte und blühte auch nach ihrer Wiedererbauung durch Cäsar neu auf. Es war daher nicht jedem gut, nach Korinth zu kommen, aber eben deshalb auch der Wunsch aller jungen Männer.

Nondum meridies!
Noch nicht Mittag!

Nondum omnium dierum sol occidit.
Noch ist nicht aller Tage Sonne untergegangen. – Es ist noch nicht aller Tage Abend. Deshalb kann man noch auf die Zukunft rechnen.

Non enim qui se ipsum commendat, probatus est.
(Denn) nicht ist bewährt, wer sich selbst empfiehlt.

Non entis nulla sunt praedicata.
Ein Nichtseiendes (ein Unding) hat keine Merkmale.

Non erat his locus.
Dazu war hier der Ort nicht.

Non est ad astra mollis e terris via. (Seneca)
Nicht bequem ist der Weg von der Erde zu den Gestirnen.

Non est bonum ludere cum diis. (Sprichwort)
Es ist nicht gut mit den Göttern zu spielen.

Non est census super censum salutis corporis.
Keine Schätzung geht über die Schätzung der Gesundheit des Körpers.

Non est, crede mihi, sapientis dicere: Vivam! Sera nimis vita est crastina: vive hodie! (Martial)
Nicht ist's, glaube mir, die Art der Weisen zu sagen: Ich werde leben! Allzu spät ist das morgige Leben; lebe heute!

Non est de sacco tanta farina tuo.
So viel Mehl stammt nicht aus deinem Sacke. – Du schmückst dich also mit fremden Federn.

Non est mihi cornea fibra. (Sprichwort nach Persius)
Ich habe keine hörnernen Fasern. – Ich bin nicht dumm und gefühllos.

Non habet commercium cum virtute voluptas. (Cicero)
Das Vergnügen hat mit der Tugend keine Gemeinschaft.

Non hoc de nihilo est.
Dies kommt nicht von nichts. – Dies hat seinen Grund.

Non id quod magnum est, pulchrum est, sed id quod pulchrum, magnum.
Nicht das was groß ist, ist schön, sondern das, was schön, groß.

Non ignara mali, miseris succurrere disco. (Vergil)
Des Unglückes nicht unkundig, lerne ich den Elenden beistehen. – Das kann natürlich so nur eine Frau sagen; ein Mann müsste ignarus sagen, dann wäre aber der Hexameter zerstört.

Non intelligunt homines,
quam magnum vectigal sit parsimonia. (CICERO)

Die Menschen sehen nicht ein, ein wie großes Einkommen die Sparsamkeit ist. – S. o. Magnum vectigal etc.

Non ita dis placuit.

Nicht gefiel's so den Göttern.

Non licet in bello bis peccare. (SPRICHWORT)

Im Kriege darf man nicht zweimal fehlen (*fehlen* i. S. von sündigen).

Non liquet.

Es ist nicht klar. – So sagten die römischen Richter, wenn sie nicht zur Entscheidung über die Schuld oder Unschuld eines Angeklagten gelangen konnten.

Non me pudet fateri nescire, quod nesciam. (CICERO)

Ich schäme mich nicht zu gestehen, nicht zu wissen, was ich nicht weiß.

Non meus hic sermo est.

Dies ist nicht meine Rede.

Non me vestigia terrent.

Mich erschrecken keine Spuren. – S. Vestigia etc.

Non multa, sed multum.

Nicht vielerlei, sondern viel. – Soll man z. B. lernen. S. o. Multum etc.

Non nobis, sed patriae vivimus.

Nicht für uns, sondern fürs Vaterland leben wir.

Non nobis solum nati sumus. (CICERO)

Nicht uns allein sind wir geboren.

Non numeranda, sed ponderanda argumenta.
Nicht zu zählen, sondern zu wägen sind die Gründe.

Non oculi tacuere tui. (OVID)
Deine Augen schwiegen nicht. – Man konnte in ihnen lesen.

Non olet.
Es riecht nicht. – Das Wort bezieht sich aufs Geld, das seinen Ursprung nicht etwa durch seinen Geruch verrät.

Non omne licitum honestum est.
Nicht alles Erlaubte ist ehrenvoll.

Non omne quod nitet aurum est. (SPRICHWORT)
Nicht alles, was glänzt ist Gold.

Non omnes eadem mirantur amantque. (HORAZ)
Nicht alle bewundern und lieben dasselbe.

Non omnia possumus omnes. (LUCILIUS)
Wir können alle nicht alles.

Non omnibus dormio.
Nicht allen schlafe ich. – Das kann heißen: Ich bin nicht für alle, die mich sprechen wollen, unsichtbar; oder: Ich werde nicht zu allem, was geschieht, still sein.

Non omnis error stultitia est dicendus.
Nicht jeder Irrtum ist Torheit zu nennen.

Non omnis moriar. (HORAZ)
Ich werde nicht ganz sterben. – S. Exegi monumentum etc.

Non placet.
Es gefällt nicht; es findet keine Billigung. – Man sagt so von Dingen, die nicht die Billigung des päpstlichen Stuhles finden.

Non plus ultra.
Nicht darüber hinaus. – Es gibt nichts Besseres; es ist das Höchste seiner Gattung.

Non possumus.
Wir können nicht. – Das ist die Entschuldigung der Kirche, wenn sie sich den Gesetzen des Staates entgegenstellt. Angeblich verbieten ihr dann göttliche Gesetze den Gehorsam.

Non potest bene imperare, qui male antea serviit.
Nicht kann gut befehlen, wer vorher schlecht gedient hat. – Wer befehlen will, muss eben vorher gehorchen lernen.

Non progredi est regredi.
Nicht fortschreiten ist zurückschreiten. – Wer nicht fortschreitet, geht zurück.

Non purgat peccata, qui negat. (Sprichwort)
Nicht büßt die Fehler, wer sie leugnet.

Non qua itur, sed qua eundum est via, tibi eundum est.
Nicht, wo man geht, sondern wo man gehen muss, musst du gehen.

Non quamdiu, sed quam bene vixeris, refert. (Seneca)
Nicht wie lange, sondern wie du gelebt hast, darum handelt es sich.

Non quam multis placeas, sed quibus, stude.
Nicht wie vielen du gefallest, sondern welchen, darauf siehe!

Non quantitas sed qualitas.
Nicht die Menge, sondern die Eigenschaft verleiht Wert.

Non quivis suavia comedit edulia. (Sprichwort)
Nicht jeder isst süße Esswaren.

Non scholae, sed vitae discimus. (Seneca)
Nicht für die Schule, sondern für das Leben lernen wir.

Non semper erit aestas.
Nicht immer wird es Sommer sein.

Non semper erunt Saturnalia. (Sprichwort)
Nicht immer werden Saturnalien sein. – Es ist nicht alle Tage Sonntag. Die Saturnalien waren die unserem Weihnachtsfest entsprechenden Festtage bei den Römern. Auch sie waren das beliebteste religiöse Fest, weil Familienfestlichkeiten mit ihnen verknüpft waren.

Non sequitur.
Das folgt nicht.

Non sibi, sed omnibus.
Nicht für sich, sondern für alle.

Non sum, qualis eram. (Horaz)
Nicht bin ich, wie ich war.

Non sum quod fueram. (Ovid.)
Nicht bin ich, was ich gewesen war.

Non sunt amici, qui degunt procul. (Sprichwort)
Das sind nicht Freunde, die ferne leben.

Non tam ovum ovo simile. (Sprichwort)
Nicht ist ein Ei so ähnlich dem anderen.

Nonumque prematur in annum. (Horaz)
Und bis ins neunte Jahr werde es aufbewahrt; oder: Und bis ins neunte Jahr werde es gefeilt. – In beiden Fällen will Horaz auf ein Gedicht, von dem er hier spricht, das »Manum de tabula« s. d. des Apelles nicht angewendet wissen. Ein wahrer Dichter wird damit kaum einverstanden sein.

Non unquam tacuisse nocet, nocet esse locutum.
Nicht schadet es jemals geschwiegen zu haben, es schadet geredet zu haben.

Non, ut diu vivamus, curandum est, sed ut satis. (Seneca)
Nicht dafür, dass wir lange leben, müssen wir sorgen, sondern dass wir genug leben.

Non uti libet sed uti licet, sic vivimus. (Sprichwort)
Nicht wie's beliebt, sondern wie's geht, so leben wir.

Non volat in buccas assa columba tuas.
Nicht fliegt in deinen Mund eine gebratene Taube.

Nosce tempus. (Sprichwort)
Erkenne die Zeit. – Nütze die Zeit aus.

Noscitur et sociis. (Sprichwort)
Man kennt ihn an seinen Genossen. – Sage mir, mit wem du usw.

Nos haec novimus esse nihil. (Martial)
Wir wissen, dass dieses (das Irdische) nichts ist.

Nos numerus sumus. (Horaz)
Wir sind nur eine Zahl. – Auf politischem Gebiet würde man sagen »Zählvieh«.

Nos Poloni non curamus quantitatem syllabarum.
Wir Polen bekümmern uns nicht um die Quantität der Silben.

Nos poma natamus. (Sprichwort)
Wir Früchte schwimmen. – So sagt man von eingebildeten Leuten, die zu Höhergestellten in untergeordnetem Verhältnis stehen und sich nun zu ihnen zählen, sich auch wohl deren Verdienste aneignen.

Nostri farrago libelli. (Horaz)
Unseres Buches Mischmasch.

Nota bene!
Merke wohl.

Nota levis maculae.
Merkmal eines leichten Fleckens.

Notae Tironianae.
Tironische Noten. – So war früher eine Schnellschrift genannt, für deren Erfinder M. Tullius Tiro, der Schreiber und Freigelassene Ciceros galt.

Novissima verba.
Die neuesten (letzten) Worte.

Novos amicos dum paras, veteres cole.
Während du dir neue Freunde erwirbst, pflege die alten.

Novus homo.
Ein neuer Mann.

Nuces relinquere.
Die Nüsse verlassen. – Wir würden wohl sagen: Flügge werden; denn es ist das Ablegen der Kinderschuhe gemeint.

Novus rex, nova lex.
Neuer König, neues Gesetz.

Nuda veritas.
Die nackte Wahrheit.

Nudum pactum.
Ein nackter Vertrag. – Derselbe beruht lediglich auf einem Versprechen, nicht auf schriftlicher Abmachung.

Nugae canorae. (HORAZ)
Wohlklingende Possen. – Die Horazische Poesie.

Nugis addere pondus. (HORAZ)
Den Possen Gewicht verleihen.

Nulla dies sine linea. (SPRICHWORT)
Kein Tag ohne Linie. – Plinius meint, dies Wort rühre von Apelles, der keinen Tag habe vergehen lassen, ohne wenigstens zur Übung in seiner Kunst eine Linie zu ziehen.

Nulla herba aut vis mortis tela frangit.
Kein Kraut, noch irgend eine Macht bricht das Geschoss des Todes. – Wider den Tod ist kein Kraut gewachsen.

Nulla potentia supra leges esse debet. (CICERO)
Keine Gewalt darf über den Gesetzen stehen.

Nulla regula sine exceptione.
Keine Regel ohne Ausnahme.

Nulla salus bello. (VERGIL)
Kein Heil im Kriege.

Nulla scabies scabiosior superstitione.
Keine Räude räudiger als Aberglaube.

Nullum anarchia maius est malum.
Kein Übel ist größer als die Gesetzlosigkeit.

Nullum est malum maius, quam non posse ferre malum.
Kein Unglück ist größer, als das Unglück nicht tragen können.

Nullum est nunc dictum, quod sit non dictum prius. (TERENZ)
Es wird nichts jetzt gesagt, was nicht schon früher gesagt

worden ist. – Wir sehen, die römischen Dichter meinten gerade dasselbe, was Rabbi ben Akiba.

Nullum magnum ingenium sine mixtura dementiae. (Seneca)
Kein großer Geist ohne eine Mischung von Wahnsinn.

Nullum simile quatuor pedibus currit.
Kein Gleichnis läuft auf vier Füßen. – Jedes Gleichnis hinkt.

Nullus dolor est, quem non longinquitas temporis minuat ac molliat. (Cicero)
Es gibt keinen Schmerz, den die Länge der Zeit nicht mindere und mildere.

Nullus est liber tam malus, ut non aliqua parte prosit. (Plinius)
Kein Buch ist so schlecht, dass es nicht in irgendeiner Beziehung nütze.

Numerus clausus.
Eine geschlossene Zahl.

Nummis potior amicus in periculis.
Besser als Geld ist ein Freund in Gefahren.

Nunc animis opus, Aenea, nunc pectore firmo. (Vergil)
Jetzt, Aeneas, hast du Mut nötig, jetzt ein stetes Herz.

Nunc est bibendum! (Horaz)
Jetzt muss man trinken.

Nunc pro tunc.
Jetzt für damals.

Nunc tuum ferrum in igne est. (Sprichwort)
Jetzt ist dein Eisen im Feuer. – Jetzt schmiede also.

Nunc vino pellite curas! (Horaz)
Jetzt vertreibt mit Wein die Sorgen!

Nunquam aliud natura, aliud sapientia dicit. (Juvenal)
Niemals sagt die Natur dies, die Weisheit etwas anderes. – Die beiden stets überein.

Nunquam est fidelis cum potente societas. (Phaedrus)
Niemals ist ein Bündnis mit einem Mächtigen fest.

Nunquam nimis dicitur, quod nunquam satis dicitur. (Seneca)
Niemals wird zu viel gesagt, was niemals genug gesagt wird.

Nunquam retrorsum.
Niemals rückwärts. – Devise der Georgs-Ritter.

Nunquam sunt visi, qui caruere nisi.
Niemals hat man (Leute) gesehen, welche ohne »wenn nicht« fertig wurden. – Bürger: Der Mann, der das Wenn und das Aber erdacht, hat sicher aus Häckerling Gold schon gemacht.

Nusquam est, qui ubique est. (Seneca)
Nirgends ist, wer überall ist.

Nutrimentum spiritus.
Nahrung des Geistes.

Nutrit pax Cererem, pacis amica Ceres. (Ovid)
Es ernährt der Friede die Ceres, des Friedens Freundin ist Ceres. – Friede düngt den Acker wohl; ist ein altes deutsches Wort. S. u. Pax Cererem etc.

O

Obiter dictum.
Gelegentlich gesagt. Ein gelegentlicher Ausspruch.

Oblatam occasionem tene. (Cicero)
Die gebotene Gelegenheit halte fest.

Obscuro loco natus.
An unbekanntem Orte – in niederem Stande geboren.

Obstupui steteruntque comae, vox faucibus haesit. (Vergil)
Ich starrte, die Haare sträubten sich, die Stimme stockte im Halse. – So schilderte der Dichter die Empfindung des Grausens.

Obstupui tacitus sustinuique pedem. (Ovid)
Ich starrte schweigend und hemmte den Schritt. – Auch gegen dies Bild lässt sich wohl nichts einwenden.

Occasio facit furem. (Sprichwort)
Gelegenheit macht den Dieb.

Occidit miseros crambe repetita. (Juvenal)
Er tötete die Elenden durch aufgewärmten Kohl.

Oculus domini saginat equum.
Das Auge des Herrn füttert das Pferd.

O curas hominum! O quantum est in rebus inane. (Persius)
O über die Sorgen der Menschen! O wie vieles ist eitel an den Dingen!

Oderint dum metuant!
Mögen sie hassen, wenn sie nur fürchten! – Das Wort war nach Sueton ein Lieblingsausdruck des Caligula, während Tiberius ihn gebraucht hatte in der Form:

Oderint dum probent!
Mögen sie hassen, wenn sie nur billigen!

Oderunt peccare boni virtuis amore. (Horaz)
Es hassen die Guten zu sündigen aus Liebe zur Tugend.

Odia qui nimium timet, regnare nescit. (Seneca)
Wer den Hass zu sehr fürchtet, versteht nicht zu regieren.

Odi profanum vulgus at arceo. (Horaz)
Ich hasse das unheilige Volk und halte es fern. – Horaz beginnt mit diesen Worten eine Ode, in der er die Rolle eines Musenpriesters spielt.

Odium effugere est triumphare.
Dem Hass entgehen, heißt triumphieren.

Odium generis humani.
Hass gegen das Menschengeschlecht.

Officium divinum.
Gottesdienst.

Officium humanitatis.
Pflicht der Menschlichkeit.

Officium nobile.
Eine edle Pflicht.

Officium supremum.
Letzte Pflicht. – Letzte Ehre.

O imitatores! Servum pecus! (Horaz)
O ihr Nachahmer! Knechtliches Vieh! – Horaz selbst war freilich auch ein Nachahmer, aber er hielt sich in den Grenzen des Erlaubten.

Ohe! Iam satis est! (Martial – Horaz)
Hoho! Nun ist's genug!

Oleo tranquillior!
Ruhiger als Öl.

Olet lucernam. (Sprichwort)
Es riecht nach der Lampe. – So sagt von einer Arbeit, die wenig eigenen Geist, dafür aber großen Sammelfleiß verrät. In der Regel ist das ein Tadel; von einer Arbeit, wie die vorliegende, kann aber nichts anderes erwarten; da ist's sogar ein Lob.

Oleum adde camino! (Horaz)
Gieß Öl in den Ofen. – Wir sagen: Öl ins Feuer gießen. In beiden Fällen wird eine vorhandene Glut nicht gelöscht, sondern erst recht entfacht.

Oleum et operam perdidi. (Plautus – Cicero)
Öl und Mühe habe ich verloren. – Bei dem Dichter sagt es eine Hetäre, die sich vergebens geschmückt hat, der Redner läßt es einen Gladiator sagen.

Olim meminisse iubavit. (Vergil)
Einst wird's nützlich sein (erfreuen), sich zu erinnern.

Olla fervet.
Der Topf kocht.

Olla male fervet.
Der Topf kocht schlecht. – Der lebt armselig; dem geht's schlecht.

Omina sunt aliquid. (Ovid)
Vorbedeutungen sind etwas (Bedeutungsvolles).

Omne animal seipsum diligit. (Cicero)
Jedes Wesen liebt sich selbst.

Omne initium difficile.
Aller Anfang (ist) schwer.

Omne nimium nocet.
Jedes Zuviel schadet. – Allzu viel ist ungesund.

Omne nimium vertitur in vitium. (Sprichwort)
Jedes Zuviel wird zum Fehler.

Omne simile claudicat.
Jedes Gleichnis hinkt.

Omnes una manet nox.
Alle erwartet eine Nacht.

Omne trinum perfectum.
Alles Dreifache ist vollkommen. – Aller guten Dinge sind drei.

Omne tulit punctum, qui miscuit utile dulci. (Horaz)
Alles geleistet hat, wer das Nützliche mit dem Angenehmen verband. – Ein Dichter, der so handelte, meint Horaz, beobachtete alles Erforderliche.

Omnia bonos viros decent. (Sprichwort)
Alles ziemt sich für gute Männer.

Omnia cum amico delibera, sed de te ipso prius. (Seneca)
Alles berate mit deinem Freunde, aber über dich selbst zunächst.

Omnia eiusdem farinae. (Sprichwort)
Alles von demselben Mehl. Alles von gleicher Art.

Omni aetati mors est communis. (Cicero)
Jedem Alter ist der Tod gemein.

Omnia idem pulvis. (Sprichwort)
Alles (ist) derselbe Staub.

Omnia mea mecum porto.
Alles Meinige trage ich bei mir. – Es war dies der Spruch des weisen Bias und auch des Wandsbecker Boten Matthias Claudius.

Omnia mors poscit; lex est, non poena, perire. (Seneca)
Alles fordert der Tod; Gesetz ist's, nicht Strafe, zu sterben.

Omnia mors aequat.
Alles macht der Tod gleich.

Omnia munda mundis.
Alles (ist) rein den Reinen.

Omnia mutantur, nihil interit. (Ovid)
Alles ändert sich, nichts kommt um.

Omnia orta occident. (Sallust)
Alles Entstandene wird untergehen.

Omnia tempus habent.
Alles hat (seine) Zeit.

Omnia venalia Romae. (Sprichwort)
Alles ist käuflich zu Rom. – Das meinte schon Jugurtha, und in den folgenden Jahrhunderten ist es noch weit schlimmer geworden.

Omnia vincit amor, nos et cedamus amori. (Vergil)
Alles besiegt die Liebe, lasst auch uns der Liebe weichen.

Omnis ars imitatio est naturae. (Seneca)
Jede Kunst ist Nachahmung der Natur.

Omnis fama a domesticis emanat. (Sprichwort)
Jeder Ruf geht von den Hausgenossen aus. – Das kann nur für Privatpersonen gelten.

Omnis homo mendax.
Jeder Mensch (ist) ein Lügner.

Omnium consensu.
Mit Übereinstimmung aller.

Omnium rerum mors est extrenum. (Cicero)
Von allen Dingen ist der Tod das Äußerste.

Onera publica.
Öffentliche Lasten.

Ope et consilio.
Mit Rat und Tat.

Opem ferre in tempore.
Bei Zeiten Hilfe bringen.

Opera et studio.
Durch Mühe und Fleiß.

Oportet est mala herba. (Sprichwort)
Muss ist ein schlimmes Kraut. – Wir meinen: eine harte Nuss.

Opprobrium medicorum.
Ein Schimpf der Ärzte. – Eine unheilbare Krankheit.

Optima fide.
In bestem Glauben.

Optimi consiliarii mortui. (Sprichwort)
Die besten Ratgeber sind die Toten.

Optimum cibi condimentum fames, sitis potus.
Die beste Würze der Speise (ist) der Hunger, des Trankes der Durst.

Optimum est aliena frui insania. (Cato)
Das Beste ist, aus fremder Narrheit Nutzen zu ziehen. – D. h. indem man von ihr lernt.

Optimum est non nasci. (Sprichwort)
Das Beste ist nicht geboren zu werden.

Optimum obsonium labor. (Sprichwort)
Das beste Zeugnis (ist) die Arbeit.

Opus opificem probat.
Das Werk lobt den Meister.

O quae mutatio rerum!
O welch eine Wechsel der Dinge! – Kehrreim des Liedes: O alte Burschenherrlichkeit, wohin bist du verschwunden?

O quantum est in rebus inane! (Persius)
O wie viel Leeres ist unter den Dingen!

Ora et labora!
Bete und arbeite!

Ora pro nobis.
Bete für uns! – Der Schluss des an die Jungfrau Maria gerichteten Gebetes, welches beginnt: O sanctissima etc., nach des-

sen Melodie unser: o du fröhliche, o du selige ... gesungen wird.

Oratio pro domo.
Eine Rede für das Haus. – D. h. in eigener Sache.

Orbis pictus.
Der gemalte Erdkreis. – Die Welt in Bildern. So nannte Comenius sein Werk, nach welchem er mit Hilfe bildlicher Darstellung die lateinische Sprache lehrte.

Orbis terrarum.
Der Erdkreis.

Orci habet galeam. (Sprichwort)
Er hat den Helm des Orkus. – Das sagt von einem Mann, der einen anderen zur Tat anstiftet, während er selbst hinter den Kulissen bleibt. Der Helm des Orkus (der Unterwelt) machte seinen Träger unsichtbar.

O rus, quando te aspiciam?
O Land, wann werde ich dich erblicken? – Wann wird mir vergönnt sein, aufs Land zu gehen?

O sancta simplicitas.
O heilige Einfalt!

O! Si sic omnia!
Oh, wenn alles so (wäre)!

O si tacuisses, philosophus manisses. (Boëthius)
Oh, wenn du geschwiegen hättest, wärest du ein Philosoph geblieben. – Ein alter Mann, der für einen Philosophen gelten wollte, ward von einem anderen gescholten, der dabei zugleich bemerkte, man werde ja nun sehen, ob jener wirklich ein Philosoph sei. Der Angegriffene verhielt sich darauf eine

Weile ruhig und fragte dann gleichsam höhnend, ob jener nun einsehe, dass er ein Philosoph sei. Hierauf gab der Erstere ihm etwa obige Antwort.

O tempora! O mores! (CICERO)
O Zeiten ! O Sitten!

Otium sine dignitate.
Ruhe ohne Würde. – Im Gegensatz zu Vorigem genießt derjenige diese, der durch Pflichtvergessenheit sich Absetzung vom Amte zugezogen hat, oder der durch Erbschaft in die Lage gekommen ist, sein Leben in Muße zu verbringen.

Otium sine literis mors est et hominis vivi sepultura. (SENECA)
Muße ohne Wissenschaft ist der Tod und das Grab des lebendigen Menschen.

Ovem lupo committere. (SPRICHWORT)
Das Schaf dem Wolfe anvertrauen.

O vita, misero longa, felici brevis! (SYRUS)
O Leben, lang dem Unglücklichen, dem Glücklichen kurz!

P

P. a.
Abkürzung für Per annum und Pro anno. Jährlich.

Pabulum Acherontis. (PLAUTUS)
Futter für den Acheron. – Der Acheron war ein Fluss der Unterwelt, an dessen Ufer die Schatten der Abgeschiedenen wandelten. Man bezeichnet also mit dem obigen Ausdruck einen Menschen, der dem Tode verfallen ist.

Panem et circenses (sc. Poscere, praebere).
Brot und Zirkusspiele (fordern, gewähren).

Par bene comparatum.
Ein wohlzusammengestelltes Paar.

Parcere subiectis et debellare superbos. (VERGIL)
Die Unterworfenen schonen und die Hochmütigen besiegen.

Pari passu.
Gleichen Schrittes.

Paritur pax bello. (CORNELIUS NEPOS)
Der Friede wird erzeugt durch den Krieg.

Par negotiis neque supra. (TACITUS)
Den Geschäften gewachsen und nicht mehr. – So ist ein Mann, der gerade eben an seinem Platze steht.

Par nobile fratrum. (HORAZ)
Ein edles Brüderpaar. – Der Dichter meint es ironisch, gerade

wie wir den deutschen Ausdruck auch gebrauchen: Ein Paar sauberer Brüder.

Par pari refertur.
Gleiches wird nach Gleichem bemessen.

Par praemium labori.
Der Arbeit entsprechender Lohn.

Pars pro toto.
Der Teil für das Ganze.

Pars tui melior immortalis est. (Seneca)
Der besserer Teil ist unsterblich.

Parta tueri.
Das Erworbene erhalten.

Parthis mendacior.
Lügnerischer als der Parther. – Diese waren bei den Römern der Kaiserzeit ebenso verrufen wegen ihrer Treulosigkeit, wie einst die Punier gewesen bei den Römern der Republik.

Parturiunt montes, nascetur ridiculus mus. (Horaz)
Es kreißen die Berge, geboren wird eine lächerliche Maus werden.

Parva leves capiunt animos. (Ovid)
Kleines nimmt kleine Geister ein. – Es gefällt ihnen, weil sie's verstehen.

Parvum addas parvo, magnus acervus erit.
Kleines füge zum Kleinen, es wird ein großer Haufen sein.

Parvum parva decent. (Horaz)
Kleines geziemt dem Kleinen.

Pater est, quem nuptias demonstrant.
Vater ist, wen das Beilager ausweist.

Pater familias.
Der Vater der Familie.

Pater noster.
Unser Vater. – Das Vaterunser, wie im Deutschen, benannt nach den Anfangsworten.

Pater patriae.
Vater des Vaterlandes. – Mit diesem Ehrentitel wurde Cicero begrüßt, nachdem er den Catalina unschädlich gemacht hatte.

Pater peccavi.
Vater, ich habe gesündigt – (im Himmel und vor dir). So beginnt das Sündenbekenntnis des verlorenen Sohnes im Evangelium, und danach wird nun jedes reuige Bekenntnis wohl so benannt.

Patet omnibus veritas. (SENECA)
Die Wahrheit steht allen offen. – Ist allen zugänglich.

Patientia laesa fit furor.
Verletzte Geduld wird Wut.

Patriae fumus igne alieno luculentior. (SPRICHWORT)
Der Rauch des Vaterlandes ist glänzender als fremdes Feuer.

Patria est, ubicumque est bene. (CICERO)
Das Vaterland ist wo es gut ist. – Der Gedanke findet sich schon bei den griechischen Tragikern und Komikern, und durch diese ist er zu den Römern gelangt. Auch das alte Studentenlied variiert ja diesen Gedanken.

Patria potestas.
Die väterliche Gewalt.

Patrimonium Sancti Petri.
Das Erbteil des Heiligen Petrus.

Patris est filius. (Sprichwort)
Er ist seines Vaters Sohn.

Pauca abunde mediocribus sufficiunt.
Weniges genügt den Mäßigen reichlich.

Pauca sed bona.
Wenig aber gut.

Pauca verba.
Wenig Worte.

Pauci quos amavit Iupiter.
Wenige, welche Jupiter liebte.

Pauci vident morbum suum, omnes amant. (Sprichwort)
Wenige sehen ihre Krankheit (Fehler), alle lieben sie.

Paulum sepultae distat inertiae celata virtus. (Horaz)
Wenig fern ist verhehlte Tugend von begrabener Tatenlosigkeit.

Pauperis est numerare pecus.
Sache der Armen ist es, das Vieh zu zählen.

Paupertas impulit audax.
Die verwegene Armut trieb. – Die Armut macht verwegen durch die Not.

Pauper ubique iacet. (Ovid)
Der Arme liegt überall – (am Boden).

Pauperum solacium.
Die Zuflucht der Armen.

Pax Cererem nutrit, pacis alumna Ceres.
Der Friede ernährt die Ceres, des Friedens Zögling ist Ceres.

Pax hominibus bonae voluntatis.
Der Friede ist für die Friedfertigen.

Pax optima rerum. (Silius)
Der Friede ist das beste der Dinge.

Pax una triumphis innumeris potior. (Silius)
Ein Friede geht über unzählige Triumphe.

Pax vobiscum.
Friede sei mit euch!

Peccatur intra et extra.
Drinnen und draußen wird gesündigt.

Pectus est, quod facit disertos (disertum).
Die Brust ist es, die beredt macht. – Brust steht hier natürlich für Herz, Empfindung.

Pecuniae omnia obediunt.
Dem Gelde gehorcht alles.

Pecunia est nervus belli. (Cicero)
Geld ist der Nerv des Krieges.

Pecunia est nervus rerum.
Geld ist der Nerv der Dinge.

Pecunia non olet.
S. o. Non olet.

Pedibus timor addidit alas. (Vergil)
Den Füßen fügte die Furcht Flügel hinzu.

Pendente lite.
Während der Streit schwankt.

Pennas incidere alicui. (Sprichwort)
Jemandem die Flügel beschneiden.

Per accidens.
Durch Zufall.

Per annum; abgekürzt **p. a.**
Durch das Jahr – jährlich.

Per aspera ad astra.
Durch Mühsale zu den Gestirnen.

Per centum; abgekürzt **p. c.**
Für das Hundert.

Per diem; abgekürzt **p. d.**
Für den Tag – täglich.

Pereat.
Er komme um! – Das Gegenteil von vivat! Er lebe hoch!

Per exclusionem.
Durch Ausschließung.

Per fas et nefas.
Durch Recht und Unrecht. – Jemand verfolgt seine Angelegenheit per fas et nefas.

Perfer et obdura! (Ovid)
Ertrage und harre aus!

Perge!
Fahre fort!

Pergo et alios; venio ad alios; deinde ad alios; Una res. (Plautus)
Ich gehe zu anderen; ich komme zu anderen, darauf zu anderen; Eine Sache (Alles dasselbe).

Periculum in mora.
Gefahr im Verzuge.

Per iniuriam.
Durch Unrecht.

Per nefas.
S. o. Per fas.

Perit, quod facis ingrato. (Sprichwort)
Verloren geht, was du dem Undankbaren tust.

Permissu superiorum.
Mit Zulassung der Oberen (der Götter).

Per obitum.
Durch den Tod.

Per pedes apostolorum.
Mit den Füßen der Apostel. – Zu Fuß, wie die Apostel.

Persaepe evenit, ut utilitas cum honestate certet. (Cicero)
Gar kommt es oft vor, dass der Nutzen mit der Rechtschaffenheit streitet.

Per saltum.
Durch den Sprung.

Per se.
Durch sich. An sich.

Persona grata – gratissima.
Liebling – aller Liebling.

Personae mutae.
Stumme Personen.

Per testes.
Durch Zeugen.

Per tot discrimina rerum gehört zu:
Per varios casus, per tot discrimina rerum. (VERGIL)
Durch mannigfaltige Zufälle, durch so viel Wechselfälle der Dinge.

Per vias naturales.
Auf natürlichen Wegen.

Pes sic tendatur, ne lodix transgrediatur.
Der Fuß werde so gestreckt, dass die Decke nicht überschritten wird. – Denn: Wer sich nicht nach der Decke streckt, dem bleiben die Füße unbedeckt.

Pessima res publica, plurimae leges.
Der schlechteste Staat, die meisten Gesetze.

Pessimum genus inimicorum laudantes. (TACITUS)
Die schlimmste Art der Feinde sind die Lobredner.

Petimus damusque vicissim. (HORAZ)
Wir bitten und gewähren wechselweise.

Petito principii.
Die Forderung, dass ein Satz, aus dem man Schlüsse ziehen

will, als wahr anerkannt werde, obwohl er selbst noch des Beweises bedarf.

Philosophus non curat.
Ein Weiser sorgt nicht. – Er lässt sich nicht durch verkehrte Rücksichtnahme in seinen Handlungen beirren; setzt sich über Kleinigkeiten hinweg. Wir sagen: Das geniert keinen großen Geist.

Pia desideria.
Fromme Wünsche.

Pia fraus. (Ovid)
Frommer Betrug. – Das Wort stammt aus Ovids Metamorphosen, es passt aber auch für heutige und frühere Verhältnisse. Niemand wird sich vor einer kleinen Täuschung scheuen, wenn er dadurch das Leben eines Nebenmenschen retten kann. Etwas anderes ist es, wenn Menschen sich einbilden, dass Gott zu Ehren auch einmal ein Verbrechen erlaubt sei.

Pietas et concordia, salus civitatis.
Frömmigkeit und Eintracht ist das Heil des Staates.

Pietas fundamentum est omnium virtutum. (Cicero)
Die Frömmigkeit ist die Grundlage aller Tugenden.

Pileum donat, ut pallium recipiat. (Sprichwort)
Er gibt die Mütze, damit er den Mantel bekomme. – Das ist natürlich unser: Er wirft mit der Wurst nach dem Schinken.

Pingere cum gladio.
Mit dem Schwerte malen. – Einem mit dem Schwerte etwas deutlich machen.

Pinguis venter non gignit sensum tenuem. (Sprichwort)
Ein fetter Bauch erzeugt nicht zarten Sinn. – Ein aus dem

griechischem stammender Ausspruch des heiligen Hieronymus.

Piscator ictus sapiet. (Sprichwort)
Der gestochene Fischer wird weise sein. – Wenn der Fischer erst einmal von den Tieren, die er gefangen hat, verwundet ist, dann wird er sich vorsehen. Also: Gebranntes Kind scheut das Feuer.

Piscem natare doces. (Sprichwort)
Du lehrst den Fisch schwimmen. – Du trägst Eulen nach Athen.

Placeat homini quiquid deo placuit. (Seneca)
Es gefalle dem Menschen, was Gott gefallen hat. – Man ergebe sich in den Willen Gottes.

Placet.
Das Gegenteil von Non placet; s. o.

Plaudite, cives!
Klatschet Beifall, Bürger! – Dies, oder nur plaudite, sagte ein Schauspieler am Ende eines Lustspiels; mit diesen Worten auch starb der Kaiser Augustus, indem er seine Tätigkeit hier auf Erden dem Spiele eines Schauspielers gleich achtete.

Plenus venter non studet libenter. (Sprichwort)
Ein voller Bauch studiert nicht gern.

Plerumque gratae divitibus vices. (Horaz)
Häufig sind den Reichen Abwechslungen angenehm.

Plura faciunt homines e consetudine quam e ratione.
Die Menschen tun mehr aus Gewohnheit als aus Vernunftgründen.

Plures adorant solem orientem quam occidentem. (Sprichwort)

Es beten mehr die aufgehende als die untergehende Sonne an. – Wir sagen: Die Menschen wenden sich lieber der aufgehenden als der untergehenden Sonne zu – was indes nicht einmal wahr ist –, um damit anzudeuten, dass ein Mensch, dessen Bedeutung im Wachsen ist, mehr Freunde findet als einer, dessen Bedeutung im Schwinden begriffen ist.

Plures crapula quam gladius. (Sprichwort)

Mehr (rafft dahin) der Rauch als das Schwert.

Pluribus unum.

In Mehreren Eins. – Devise des Wappens der Vereinigten Staaten von Amerika.

Plurima mortis imago. (Vergil)

Sehr vielfältig (ist) des Todes Bild.

Plurimum facere, et minimum ipso de se loqui. (Tacitus)

Recht viel tun und recht wenig von sich selbst reden.

Plus adoratur sol oriens quam occidens.

Die aufgehende Sonne wird mehr angebetet, als die untergehende.

Plus apud nos vera ratio valeat quam vulgi opinio. (Cicero)

Mehr gelte bei uns die wahre Vernunft als des Volkes Meinung.

Plus dolet quam necesse est, qui ante dolet quam necesse est. (Seneca)

Es betrübt sich mehr, als nötig ist, wer sich eher betrübt, als nötig ist.

Plus exempla quam peccata nocent. (Sprichwort)

Beispiele schaden mehr als Vergehen. – Die schlechten Menschen schaden durch ihr Beispiel mehr, als durch ihre Vergehen selbst.

Plus ratio quam vis caeca solet. (Gallus)
Mehr pflegt Berechnung auszurichten als blinde Gewalt.

Plus sonat quam valet. (Seneca)
Er prahlt mehr als er vermag. – Viel Geschrei um wenig Wolle.

Plus vident oculi quam oculus. (Sprichwort)
Mehr sehen die Augen als das Auge.

Plusve minusve.
Mehr oder weniger.

P. M.
Abgekürzt für Post meridiem. Nach Mittag.

Poenas garrulus ipse dabit. (Ovid)
Der Schwätzer selbst wird die Strafe erleiden.

Poeta laureatus.
Der lorbeergekrönte Dichter.

Poeta nascitur, non fit.
Der Dichter wird geboren, nicht gezogen. – S. o. Nascuntur etc.

Ponderanda sunt testimonia, non numeranda.
Die Zeugnisse muss man wägen, nicht zählen. – S. o. Non numeranda etc.

Pons asinorum.
Die Eselsbrücke. – Ursprünglich ist so der fünfte Abschnitt des ersten Buches der Elemente des Euklid genannt worden, sowohl wegen der zu diesem Abschnitt gehörigen Figur, als

auch wegen der Schwierigkeiten, die hier zuerst auftreten und den faulen und dummen Anfänger zu Fall bringen.

Pontifex maximus.
Der oberste Priester. – Man gebraucht es jetzt wohl vom Papst.

Portatur leviter, quod portat quisque libenter.
Man trägt leicht, was man gerne trägt.

Post acclamationem bellicam iacula volant. (Sprichwort)
Nach Billigung des Krieges fliegen die Speere.

Post amicitiam credendum est,
ante amicitiam iudicandum. (Seneca)
Nach (Eingehung) der Freundschaft muss man vertrauen, vor (Eingehung) der Freundschaft erwägen. – Nichts ist der Freundschaft verderblicher, als Misstrauen.

Post bellum auxilium. (Sprichwort)
Hilfe nach dem Kriege. – Hilfe, wenn die Gefahr vorüber ist.

Post Chr. n. für **Post Christum natum.**
Nach Christi Geburt.

Post coenam stabis, vel passus mille meabis.
Nach dem Essen musst du stehn oder tausend Schritte gehen. – Man soll nach der Mahlzeit weder gänzlich ruhen, noch auch sich übermäßig anstrengen. S. u. Post epulas etc.

Post diluvium; abgekürzt **P. D.**
Nach der Sintflut.

Post epulas stabis etc.
S. o. Post coenam.

Post equitem sedet atra cura. (Horaz)
Hinter dem Reiter sitzt die düstere Sorge. – Selbst der lustige Reiter kann derselben nicht entgehen; wieviel weniger andere. Um das Ross des Reiters schweben, Um das Schiff die Sorgen her. Schiller.

Posteri dies testes sunt sapientissimi.
Spätere Tage sind die weisesten Zeugen.

Post factum nullum consilium.
Nach der Tat kein Rat.

Post festum venisti. (Sprichwort)
Du bist nach dem Feste gekommen. – Du kannst von der Feier nichts mehr haben.

Post hoc, ergo propter hoc.
Nach diesem, also wegen dieses. – Bei Ereignissen, die zu einander in Beziehung zu stehen scheinen, wird das Spätere leicht als die Folge des Ersteren aufgefasst.

Post malam segetem serendum est. (Seneca)
Nach einer schlechten Saat muss man säen. – Statt den Mut zu verlieren, muss man nach einem Misserfolge erst recht vorwärts streben.

Post mortem nulla voluptas.
Nach dem Tode kein Vergnügen. – So dachten die Epikuräer.

Post multa saecula.
Nach vielen Jahrhunderten.

Post nubila Phoebus. (Sprichwort)
Nach Wolken (kommt) Phöbus. – Nach Regen folgt Sonnenschein.

Post obitum.
Nach dem Tode.

Post tenebras lux.
Nach Finsternis Licht.

Postulata.
Forderungen. – Geforderte Dinge.

Potentissimus est, qui se habet in potestate. (Seneca)
Der Mächtigste ist, wer sich selbst in Gewalt hat.

Potius amicum quam dictum perdere.
Lieber seinen Freund als einen Witz verlieren.

Praeferre patriam liberis regem decet. (Seneca)
Dem Königе ziemt's, das Vaterland den Kindern vorzuziehen.

Praemissis praemittendis. P. P.
Nachdem vorausgeschickt, was vorauszuschicken war.

Praemonitus, praemunitus. (Sprichwort)
Zuvor gewarnt, zuvor gewahrt (vorgebaut).

Praesentemque refert quaelibet herba deum.
Und Gottes Gegenwart meldet jeder Halm.

Praestat otiosum esse quam male agere. (Nach Plinius)
Es ist besser müßig zu sein, als übel zu tun.

Praeter propter.
Ungefähr; mehr oder weniger.

Praevisus ante, mollior ictus venit. (Sprichwort)
Vorher gesehen, kommt der Schlag sanfter.

Preces armtae. (Ausonius)
Geharnischte Bitten. – Das sind Bitten, wie sie dem Höfling vorgetragen werden in Chamissos »Böser Markt«; das moderne Recht nennt es Erpressung.

Prima caritas incipit a se ipso. (Sprichwort)
Die Nächstenliebe beginnt zuerst bei sich selbst.

Prima et maxima peccantium est poena peccasse. (Seneca)
Die erste und größte Strafe der Sünder ist, gesündigt zu haben.

Prima facie.
Dem ersten Ansehen nach.

Prima frons decipit.
Der erste Anschein trügt.

Primo intuitu.
Beim ersten Anblick.

Primo loco.
An erster Stelle.

Primo mihi.
Zuerst mir.

Primus in orbe deus est timor.
Der erste Gott auf dem Erdkreis ist die Furcht.

Primus inter pares.
Der Erste unter Gleichen. – Das war der König der Westfranken (Franzosen) seit der Thronbesteigung der Capetinger. Daher auch die Bezeichnung der hohen Adeligen in Frankreich als »pairs«, in England »peers« dem entsprechend.

Primus non sum nec imus.
Ich bin nicht der Erste und nicht der Letzte.

Primus omnium.
Der Erste von allen.

Principibus placuisse viris non ultima laus est. (Horaz)
Den ersten Männern gefallen zu haben, ist nicht das schlechteste Lob. – Denn wer den Besten seiner Zeit genug getan, der hat gelebt für alle Zeiten. (Schiller.)

Principiis obsta.
Widerstehe dem Anfang. – Hüte dich vor dem ersten Schritt.

Principis est virtus maxima nosse suos. (Martial)
Des Fürsten größte Tugend ist's, die Seinen zu kennen.

Principium dimidium totius. (Sprichwort)
Der Anfang ist die Hälfte des Ganzen.

Prior tempore, potior iure.
Der der Zeit nach Frühere ist im Rechte der Stärkere. – Wer zuerst kommt, mahlt zuerst.

Priusquam incipias, consulto, et ubi consulueris mature facto opus est. (Sallust)
Es ist nötig, dass du dir Rat einholst, bevor du anfängst, und wenn du dich beraten hast, schnell handelst.

Privatum commodum publico cedit.
Der Privatvorteil steht dem öffentlichen nach.

Pr. M. für **Pro memoria.**
Zur Erinnerung. – Eine Denkschrift.

Privilegium odiosum.
Ein verhasstes Vorrecht.

Pro aris et focis (pugnare).
Für Altar und Herd (kämpfen). – Religion und Vaterland verteidigen.

Probatum est.
Es ist bewährt.

Probitas laudatur et alget.
Rechtlichkeit wird gelobt und friert. – Wir sagen allenfalls: Blöde Hunde werden nicht fett.

Pro bono publico.
Zum öffentlichen Nutzen.

Procellae quanto plus habent virium tanto minus temporis. (SENECA)
Je größere Gewalt die Stürme haben, desto geringere Zeitdauer. – Das gilt auch bei den Wutausbrüchen bei den Menschen.

Procul a Iove, procul a fulmine. (SPRICHWORT)
Ferne vom Jupiter, fern vom Blitze. – Damit trösten sich diejenigen, welche der Gunst des Hofes oder eines Großen entbehren.

Procul ex oculis, procul ex mente. (SPRICHWORT)
(Fern) aus den Augen, (fern) aus dem Sinn.

Procul negotiis.
S. o. Beatus ille etc.

Prodent auctorem vires. (OVID)
Den Urheber werden die Kräfte verraten.

Pro deo, rege, patria.
Für Gott, König und Vaterland.

Prodest cautela plus quam postremo querela.
Es nützt die Vorsicht mehr als zuletzt die Klage.

Proditionem amo, sed proditorem non laudo.
Den Verrat liebe ich, aber den Verräter lobe ich nicht. – Das Wort stammt aus dem Plutarch.

Proditor pro hoste habendus.
Der Verräter ist für einen Feind zu halten.

Proditores etiam iis, quos anteponunt, invisi sunt.
Verräter sind auch denjenigen, welche sie vorziehen, verhasst.

Pro domo.
Für das Haus. – D. h. im eigenen Interesse. Das Wort ist gebildet nach dem Titel einer Rede des Cicero: De domo sua – von seinem Hause.

Pro et contra.
Für und gegen. – Die Argumente für und gegen eine Sache.

Pro forma.
Der Form wegen.

Pro hic et nunc.
Für hier und jetzt.

Pro superi! Quantum mortalia pectora caecae noctis habent. (Ovid)
O ihr Götter! Welch' dunkle Nacht birgt die sterbliche Brust.

Pro memoria.
S. o. Pr. M.

Promissio boni viri fit obligatio.
Das Versprechen eines guten Mannes wird zur Verpflichtung.

Pro nihilo.

Für nichts. – Dies war der Titel der Verteidigungsschrift für den Grafen Arnim gegen die Anklagen des Reichskanzlers. Verfasser derselben war nach neueren Aufklärungen nicht Graf Arnim selbst, sondern Frhr. v. Loe.

Pro patria mori.

Für das Vaterland sterben.

Pro patria est, dum ludere videmur.

Für das Vaterland ist es, während wir zu spielen scheinen.

Prope ad summum, prope ad exitum.

Nahe dem Gipfel, nahe dem Ende.

Pro poena.

Zur Strafe.

Propone deum ante oculos. (Cicero)

Habe Gott vor Augen.

Propria domus omnium optima. (Sprichwort)

Das eigene Haus ist das beste von allen.

Propria laus sordet. (Sprichwort)

Eigenlob ist schmutzig (stinkt).

Pro primo.

Zum Ersten.

Proprio motu.

Aus eigener Anregung.

Proprium est stultitiae aliorum vitia cernere, oblivisci suorum. (Cicero)

Eine Eigentümlichkeit der Torheit ist es, die Fehler anderer zu bemerken, der eigenen zu vergessen.

Pro rata.
Nach Verhältnis.

Prosit!
Es nütze; bekomme!

Prospectandum vetulo latrante. (Sprichwort)
Wenn ein alter Hund bellt, muss man ausgucken.

Protectio trahit subiectionem et subiectio protectionem.
Schutz zieht Unterwürfigkeit und Unterwürfigkeit Schutz nach sich.

Pro tempore.
Zur Zeit.

Providentiae memor.
Der Vorsicht eingedenk! – Stets vorsichtig! Inschrift auf dem Bande des sächsischen Wappens.

Proximus ardet Ucalegon. (Vergil)
Der Nachbar Ucalegon brennt. – Warnung vor einer nahe drohenden Gefahr.

Proximus sum egomet mihi. (Terenz)
Der Nächste bin ich mir selbst.

Prudens in flammam ne manum iniicto. (Sprichwort)
Als kluger Mann sollst du die Hand nicht in die Flamme halten.

Prudens interrogatio quasi dimidium sapientiae. (Bacon)
Eine kluge Frage ist gleichsam halbe Weisheit.

Prudentis est mutare consilium; stultus sicut luna mutatur.
Den Klugen ziemt's, seinen Entschluss (gelegentlich) zu ändern; der Tor ändert sich wie der Mond.

Prudentis est nonnumquam silere.
Dem Klugen ziemt's zuweilen zu schweigen.

P. S.
Abkürzung für Postscriptum. – Nachschrift.

P. t.
Abkürzung für Pro tempore. S. o.

P. T. für **Praemisso Titulo.**
Nach Angabe des Titels.

Publicum bonum privato est praeferendum.
Der öffentliche Nutzen ist dem Einzelnen vorzuziehen. – S. o. Privatum com. etc.

Pudor doceri non potest, nasci potest. (SYRUS)
Schamhaftigkeit kann nicht gelehrt werden, (an-)geboren kann sie werden.

Pueri sunt pueri etc.
S. u. Sunt pueri etc.

Pugna suum finem, cum iacet hostis, habet. (OVID)
Der Kampf hat sein Ende, wenn der Feind darniederliegt.

Pulchre, bene, recte.
Schön, gut, recht.

Pulchrorum autumnus pulcher.
Der Schönen Herbst ist schön.

Pulchrum est accusari ab accusandis.
Schön ist's angeklagt zu werden, von denen, welche angeklagt werden müssen.

Pulvis et umbra sumus. (HORAZ)
Staub und Schatten sind wir.

Punctum saliens.
Der springende Punkt. – Als solcher zeigt sich in dem Werdeprozess des Menschen zuerst das Herz. Dies ist also von vornherein der Sitz alles Lebens. Man gebraucht den obigen Ausdruck eigentlich nur bildlich zur Bezeichnung einer »Hauptsache«.

Punica fides.
Punische Treue. – Der Ausdruck ist gleichbedeutend mit Treulosigkeit, weil die Punier (Karthager) eben wegen dieser – wie später die Parther – berüchtigt waren.

Puras deus, non plenas aspicit manus. (SYRUS)
Die reinen Hände, nicht die vollen, sieht Gott an.

Puris omnia pura. (TIT. 1, 15.)
Den Reinen (ist) alles rein.

Purpura indutus pauper, sui ipsius immemor est.
Ein Armer, in Purpur gekleidet, ist seiner selbst uneingedenk.

Q

Quadriga.
Viergespann.

Quadrupedante putrem sonitu quatit ungula campum. (Vergil)
(Siehe!) vierfüßigen Schalles erschüttert der Huf (da) das Blachfeld. – Die Übersetzung sucht die gelungene Onomatopoeie (Tonmalerei) des Vergilischen Verses nachzuahmen.

Quadruplum.
Das Vierfache.

Quae e longinquo, magis placent. (Sprichwort)
Was von ferne her ist, gefällt besser.

Quae fuerant vitia, mores sunt. (Seneca)
Was Fehler waren, sind (jetzt) Sitten. – Gewohnheit macht das Hinken schön, heißt es wohl im Deutschen.

Quae fugiunt celeri carpite poma manu. (Ovid)
Früchte, die vergehen (entfliehen), brechet mit schneller Hand.

Quae fuit durum pati, meminisse dulce est. (Seneca)
Was hart zu ertragen war, ist zu erinnern angenehm.

Quae infra nos, nihil ad nos. (Sprichwort)
Was unter uns ist, ist nichts für uns. – Wir sollen eben aufwärts streben.

Quae medicamenta non sanant, ferrum sanat. (Hippokrates)
Was Heilmittel nicht heilen, heilt das Eisen.

Quae nocent, docent. (Sprichwort)
Was schadet, belehrt. – Durch Schaden wird man klug.

Quae non prosunt singula, multa iuvant. (Ovid)
Was einzeln nicht nützt, in Menge hilft's. – Unsere Geschäftsleute sagen: Die Menge muss es bringen.

Quae peccamus iuvenes, ea luimus senes. (Sprichwort)
Was wir als Jünglinge gefehlt, büßen wir als Greise.

Quae regio in terris nostri non plena laboris? (Vergil)
Welche Gegend der Erde ist nicht unserer Mühen voll?

Quaerenda pecunia primum, virtus post nummos. (Horaz)
Geld muss man zuerst sammeln, die Tugend kommt erst nach dem Gelde.

Quaeritur, sitne aequum amicos cognatis anteferre. (Cicero)
Es fragt sich, ob es billig sei, die Freunde den Verwandten vorzuziehen.

Quaesitam meritis sume superbiam. (Horaz)
Den durch Verdienste erworbenen Stolz nimm an. – Man soll sein Licht nicht unter den Scheffel stellen.

Quae uncis sunt unguibus ne nutrias. (Sprichwort)
Was Krallen mit Haken hat, das füttere nicht.

Quaevis terra alit artificem. (Sprichwort)
Jedes Land ernährt den Künstler. – Er steht so hoch, dass er sich überall Geltung verschaffen wird. Im Allgemeinen herrscht bei uns eine andere Ansicht, die etwa durch das Sprichwort ausgedrückt wird: Künstler haben weder Gunst noch Geld.

Qualis artifex pereo!
Welch ein Künstler stirbt in mir! – So rief Nero, als er starb.

Qualis dominus talis et servus.
Wie der Herr, so der Knecht.

Qualis pater, talis filius.
Wie der Vater, so der Sohn.

Qualis rex, talis grex. (SPRICHWORT)
Wie der Hirt, so die Herde. Wie der König, so das Volk.

Qualis sit animus, ipse animus nescit. (CICERO)
Wie der Geist ist, weiß der Geist selbst nicht.

Qualis vir, talis oratio. (SPRICHWORT)
Wie der Mann, so die Rede. – Aus der Rede erkennt man den Mann; oder: An der Rede erkennt man den Toren, wie den Esel an den Ohren.

Qualis vita, finis ita. (SPRICHWORT)
Wie das Leben, so das Ende. Wie man lebt, so stirbt man.

Quam difficilis est virtutis diuturna simulatio! (CICERO)
Wie schwer ist ein längeres Erheucheln der Tugend!

Quam quisque norit artem, in hac se exerceat! (CICERO)
Welche Kunst man gelernt hat, in der übe man sich! – Denn: Übung macht den Meister.

Quando conveniunt Margreta, Sibilla, Camilla, garrire incipiunt et ab hoc et ab hac et ab illa.
Wenn Grete, Sibille; Camille zusammenkommen, wird dieser und diese und jene vorgenommen. – Die Worte heißen auch: Quando conveniunt Catharina, Sibylla, Camilla, Sermones faciunt vel ab hoc, vel ac hac, vel ab illa.

Quandoque bonus dormitat Homerus. (Horaz)
Zuweilen schlummert auch der gute Homer. – Dann macht er natürlich Fehler, und dieses kann auch dem Besten passieren.

Quando tumet venter, produntur facta latenter. (Sprichwort)
Wenn der Bauch schwillt, wird das heimlich Begangene verraten. – Das Wort scheint gleichen Ursprungs zu sein mit dem im Klosterspiegel gegebenen: Wir fehlen alle mannigfalt, sprach die Äbtissin, als ihr der Bauch anschwoll.

Quanta patimur!
Wie viel erdulden wir!

Quanti est sapere! (Terenz)
Wie viel ist es wert, weise zu sein!

Quantum?
Wie viel?

Quantum est in rebus inane! (Persius)
Wie viel Eitles gibt es unter den (menschlichen) Dingen!

Quantum quisque feret, respiciendus erit. (Ovid)
Jeder wird beachtet werden, je nachdem er beiträgt.

Quantum valeat.
So viel als es wert sein mag.

Quarta luna natus. (Sprichwort)
Unter dem vierten Monde geboren. – D. h. bei abnehmendem Viertel. Solche Leute galten für besonders unglücklich. Auch Herkules sollte zu dieser Zeit geboren sein.

Quas dederis solas semper habebis opes. (Martial)
Nur die Schätze allein, welche du vergeben hast, wirst du im-

mer haben. – Ein Wort, das man nicht bei Martial zu finden glaubt, sondern eher in den Sprüchen Salomonis, wo es ja heißt: Wer sich des Armen erbarmet, der leihet dem Herrn.

Quasi mures, semper edimus alienum cibum. (Plautus)
Wie Mäuse essen wir immer fremde Speise. – Das Wort gilt von Schmarotzern.

Quasi re bene gesta.
Als wäre die Sache geglückt.

Qua vincit victos protegit ille manu. (Ovid)
Mit derselben Hand, mit der jener siegt, schützt er die Besiegten.

Quem deus perdere vult, prius dementat.
Wen Gott vernichten will, den macht er vorher verrückt.

Quem poenitet peccasse, pene est innocens. (Seneca)
Wen es reut, gesündigt zu haben, der ist fast unschuldig.

Qui alterum incusat probri eum ipsum se intueri oportet. (Plautus)
Wer einen anderen eines Schimpfes beschuldigt, der muss auf sich selbst sehen.

Qui amat periculum, peribit in illo.
Wer die Gefahr liebt, wird darin umkommen.

Qui asinum non potest, stratum caedit.
Wer den Esel nicht hauen kann, haut das Lager. – Wir sagen: Man schlägt auf den Sack, aber den Esel meint man.

Qui aures habet, audiat.
Wer Ohren hat, höre.

Qui bene amat, bene castigat.
Wer gut liebt, züchtigt gut. – Wer seine Kinder lieb hat, der züchtigt sie.

Qui bonum respuit consilium, sibi ipsi nocet.
Wer guten Rat verschmäht, schadet sich selbst.

Quicquid excessit modum, pendet instabili loco. (SENECA)
Was immer das Maß überschritt, schwebt an unsicherer Stelle.

Quicquid in altum fortuna tulit, ruitura levat. (SENECA)
Was immer das Schicksal emporhob, erhebt es, damit es stürze.

Qui cum Platone coenant, etiam postero die bene se habent.
Die, welche mit Plato speisen, befinden sich auch am folgenden Tage wohl. – Sie speisen eben vernünftig, mäßig.

Quid affere consilii potest, qui se ipse eget consilio? (CICERO)
Was kann der Rat geben, der selbst des Rates entbehrt?

Quidam.
Ein gewisser.

Quid, de quoque viro et cui dicas, saepe videto. (HORAZ)
Was, von wem und zu wem du sprichst, musst du beachten.

Quid dem? Quid non dem? Renuis tu,
quod iubet alter. (HORAZ)
Was soll ich geben? Was soll ich nicht geben? Du weisest zurück, was ein anderer heischt.

Qui dedit beneficium taceat; narret, qui accepit. (SENECA)
Wer die Wohltat erwies, schweige; es erzähle sie, wer sie empfing.

Quid est turpius quam senex vivere incipiens? (SENECA)
Was ist schimpflicher, als zu leben, ein törichter Greis?

Quid facient, pauci contra tot milia fortes? (OVID)
Was sollen wenige Tapfere gegen so viel Tausende ausrichten?

Quid facies, facies Veneris si veneris ante?
Ne pereas per eas, ne sedeas, sed eas!
Was wirst du tun, wenn du vor das Antlitz der Venus gekommen bist? Damit du dadurch nicht umkommst, setze dich nicht, sondern gehe davon. – Ein Wortspiel in Form eines Dichtichons, das aus dem 17. Jahrhundert stammt und dem Marquis De Bierve zugeschrieben wird.

Quid facis, infelix? Perdis bona vota. (OVID)
Was tust du, Unglücklicher? Du verlierst deine guten Wünsche.

Quid leges sine moribus vanae proficiunt? (HORAZ)
Was wirken eitle Gesetze ohne Sitten.

Quidlibet audendi semper fuit aequa potestas. (HORAZ)
Immer war billige Gelegenheit, irgendetwas zu wagen.

Quid moror exemplis quorum me turba fatigat? (OVID)
Was verweile ich bei Beispielen, deren Menge mich ermüdet?

Quid nisi victis dolor?
Was außer Schmerz (muss man empfinden) für die Besiegten?

Quid non mortalia pectora cogis, auri sacra fames? (VERGIL)
Wozu nicht zwingst du die Brust der Sterblichen, verderblicher Hunger nach Gold?

Quid novi es Africa? (ARISTOTELES, *Hist. Anim. 8,3.*)
Was gibt's Neues aus Afrika?

Quid nunc?
Was nun?

Quidquid agis prudenter agas et respice finem.
Was du tust, tue klug und bedenke das Ende.

Quidquid delirant etc.
S. Quidquid etc.

Quidquid id est, timeo Danaos, et dona ferentes. (VERGIL)
Was es auch ist, ich fürchte die Danaer, auch wenn sie Geschenke bringen. – Das war nach Virgil der vergebliche Warnungsruf des Laokoon, als er das hölzerne Pferd erblickte. Auch deutsche Sprichwörter warnen vor den Geschenken der Feinde: Feindes Gab' ist Geist oder Schad; Feindes Geschenke haben Ränke. Feindes Gaben gelten nicht. Lat. Hostium munera non munera.

Quid Romae faciam? Mentiri nescio. (JUVENAL)
Was soll ich zu Rom tun? Zu lügen verstehe ich nicht.

Quid, si coelum ruat? (SPRICHWORT)
Was, wenn der Himmel einstürzen sollte? – Das Wort dient zur Verspottung einer ungewöhnlichen Voraussetzung.

Quid sit futurum cras, fuge quaerere. (HORAZ)
Was morgen geschieht, frage ich nicht.

Qui e nuce nucleum esse vult, frangat nucem. (PLAUTUS)
Wer den Kern aus der Nuss essen will, zerbreche die Nuss.

Quies gentium sine armis haberi nequit.
Die Ruhe der Völker kann nicht ohne Waffen aufrecht erhalten werden.

Quieta non movere! (SPRICHWORT)
Ruhiges nicht erregen!

Qui fert malis auxilium, post tempus dolet. (Phaedrus)
Wer Bösen hilft, bereut es hernach.

Qui fugit molam, farinam non invenit. (Sprichwort)
Wer die Mühle flieht, findet kein Mehl.

Qui genus iactat suum aliena laudat. (Seneca)
Wer sein Geschlecht lobt, lobt Fremdes. – Spricht ein Lob aus, das er Fremden überlassen müsste.

Qui iacet in terra, non habet, unde cadat. (Sprichwort)
Wer auf der Erde liegt, kann nicht fallen.

Qui iure suo utitur, nemini facit iniuriam oder **neminem laedit.**
Wer von seinem Rechte Gebrauch macht, fügt niemanden Unrecht zu, verletzt niemand.

Quilibet praesumitur bonus, donec probetur contrarium.
Jeder wird für gut gehalten, bis das Gegenteil bewiesen wird.

Qui male agit, odit lucem. (Sprichwort)
Wer Böses tut, hasst das Licht. (Ev. Joh. 3,20)

Qui medice vivit, misere vivit. (Sprichwort)
Wer medizinisch lebt, lebt elendiglich.

Qui nescit dissimulare, nescit vivere.
Wer nicht zu verhehlen versteht, versteht nicht zu leben.

Qui nimis propere, minus prospere. (Sprichwort)
Wer zu eilig (handelt, handelt) weniger erfolgreich. Eile mit Weile.

Qui non est hodie, cras minus aptus erit. (Ovid)
Wer heute nicht bereit ist, wird es morgen noch weniger sein.

Qui non proficit, deficit. (Sprichwort)
Wer nicht fortschreitet, geht zurück.

Qui non laborat, non manducet.
Wer nicht arbeitet, esse nicht. – (Nach 2. Thess. III, 10.)

Qui non vetat peccare, cum possit, iubet. (Seneca)
Wer es nicht verbietet, zu sündigen, wenn er kann, der befiehlt es.

Qui non vult fieri desidiosus, amet. (Ovid)
Wer nicht träge werden will, der liebe.

Qui nunquam quievit quiescit.
Wer niemals ruhte, ruht (jetzt).

Quinque horas dormiisse sat est iuvenique senique.
Fünf Stunden zu schlafen ist für den Jüngling und den Greis genug.

Qui peccat ebrius, luat sobrius. (Rechtsgrundsatz)
Wer trunken fehlt, büße es nüchtern.

Qui pendet alienis promissis, saepe decipitur.
Wer sich auf fremde Versprechungen verlässt, täuscht sich oft.

Qui per alium facit,
per se ipsum facere videtur. (Rechtsgrundsatz)
Wer etwas durch einen anderen tun lässt, wird angesehen, als habe er es durch sich selbst vollbracht.

Qui per virtutem peritat, non interit. (Plautus)
Wer durch seine Tugend umkommt, geht nicht unter.

Qui proficit in literis et deficit in moribus, plus deficit quam proficit.
Wer in den Wissenschaften fortschreitet und in den Sitten zurückgeht, der geht mehr zurück als er fortschreitet.

Qui pro quo.
Wer für wen. – Eine Personenverwechselung.

Qui quaerit alta, is malum quaerere videtur.
Wer das Hohe sucht, der scheint das Böse zu suchen. – Wer hoch steigt, fällt tief.

Qui, quae vult, dicit, quod non vult, audiet. (Terenz)
Wer sagt, was er will, wird hören, was er nicht will.

Quique aliis cavit, non cavet ipse sibi. (Ovid)
Und der andere beschützt hat, schützt sich selbst nicht.

Quis custodiet ipsos custodes? (Juvenal)
Wer wird die Wächter selbst bewachen?

Qui seipsum laudat, cito derisorem inveniet. (Syrus)
Wer sich selbst lobt, wird bald einen Spötter finden.

Qui semel scurra, numquam pater familias. (Cicero)
Wer einmal ein Possenreißer ist, wird nie ein Familienvater sein.

Quis fallere possit amantem. (Vergil)
Wer kann einen Liebhaber täuschen? – Das Auge der Liebe sieht scharf.

Quis famulus amantior domini quam canis? (Columella)
Welcher Diener ist dem Herrn treuer zugetan, als der Hund?

Quis furor, o cives, quae tanta licentia ferri? (LUCAN)
Welche Wut, ihr Bürger! Was sitzt das Schwert so lose in der Scheide?

Qui sibi amicus est, scito hunc amicum omnibus esse. (SENECA)
Wer sich selbst freundlich gesinnt ist, der – sollst du wissen – ist allen freundlich.

Quis non odit varios, leves, futiles? (CICERO)
Wer verabscheut nicht die Wankelmütigen, die Leichtfertigen, die Taugenichtse?

Quisque suos patimur manes. (VERGIL)
Wir erleiden jeder seine eigene Strafe.

Quis? Quid? Ubi? Quibus auxiliis? Cur? Quomodo? Quando?
Wer? Was? Wo? Mit welchen Hilfsmitteln? Warum? Wie? Wann? – Die sieben Fragen, welche der Verfasser eines historischen Aufsatzes sich vorzulegen und zu beantworten hat.

Quisquis amat ranam, ranam putat esse Dianam.
Wer den Frosch liebt meint, der Frosch sei Diana. – So blind macht die Liebe.

Quisquis magna dedit, voluit sibi magna remitti.
Wer Großes gab, wollte, dass man ihm Großes wiedergebe.

Qui spe aluntur, pendent, non vivunt. (SPRICHWORT)
Wer von Hoffnung lebt, schwebt, aber lebt nicht.

Qui stadium currit, niti et contendere debet, ut vincat. (CICERO)
Wer um die Wette läuft, muss streben und zu gewinnen trachten.

Quis tulerit Gracchos de seditione quaerentes. (Juvenal)
Wer möchte die Gracchen anhören (ertragen), die sich über Aufruhr beklagen? – Da sie ihn doch selbst erregten.

Qui suis rebus contentus est, huic maximae ac certissimae sunt divitiae.
Wer mit seiner Lage zufrieden ist, der hat den größten und sichersten Reichtum.

Qui tacet, consentire videtur.
Wer schweigt, scheint zuzustimmen.

Qui terret, plus ipse timet. (Claudianus)
Wer schreckt, ist selbst noch mehr in Furcht.

Qui timide rogat, docet negare. (Seneca)
Wer zaghaft fordert, lehrt das Abschlagen (der Bitte). – Wer viel fragt, erhält oft eine Antwort, die er nicht haben will.

Qui vitat molam, vitat farinam. (Sprichwort)
Wer die Mühle scheut, scheut das Mehl. – Wer nicht arbeitet, soll auch nicht essen. S. o. Qui fugit etc.

Qui vult decipi, decipiatur. (Sprichwort)
Wer getäuscht werden will, werde getäuscht. – Zur Liebe können wir ihn nicht zwingen.

Quo animo?
In welchem Sinne? – In welcher Absicht?

Quocunque nomine gaudet.
Welches Namens immer er sich erfreut.

Quod avertat deus!
Was Gott verhüte!

Quod caret alterna requie, durabile non est. (Ovid)
Was der abwechselnden Ruhe entbehrt, ist nicht dauerhaft.

Quod certaminibus ortum,
ultra metam durat. (Velleius Paterculus)
Was unter Kämpfen entstanden, dauert über das Ziel hinaus. – Über unsere Berechnung.

Quod cibus est aliis, aliis est atre venenum.
Was den einen Nahrung ist, ist den anderen schwarzes Gift.

Quod cito fit, cito perit.
Was schnell entsteht, schnell vergeht.

Quod decet, honestum est,
et quod honestum est, decet. (Cicero)
Was gut steht, ist anständig, und was anständig ist, steht gut.

Quod defertur, non aufertur.
Aufgeschoben ist nicht aufgehoben.

Quod de quoque viro, et cui dicas, saepe caveto.
Was du über einen Mann und wem du es sagst, beachte oft recht wohl.

Quod deus bene vertat!
Was Gott günstig wende! – S. o. Quod avertat deus!

Quod erat demonstrandum.
Was zu beweisen war. – Gewöhnlich einem mathematischen Beweise hinzugefügt.

Quod est violentum, non est durabile. (Sprichwort)
Was gewaltsam ist, ist nicht dauerhaft.

Quod fortunatum, felix faustumque sit!
Gewöhnlich abgekürzt: Q. F. F. F. Q. S. Was beglückend, beglückt und glücklich sei! – Gebräuchlich als Eingangsformel für lateinische Adressen, Diplome.

Quod habemus, dabimus.
Was wir haben, werden wir geben.

Quod in corde sobrii, id in lingua ebrii. (Sprichwort)
Was im Herzen des Nüchternen, das ist auf der Zunge des Trunkenen.

Quod latet, ignotum est, ignoti nulla cupido. (Ovid)
Was verborgen liegt, ist ungekannt; nach Unbekannten herrscht kein Verlangen.

Quod licet, ingratum est, quod non licet acrius urit. (Ovid)
Was frei steht, ist wenig angenehm, was nicht frei steht, brennt mehr. – Die verbotenen Früchte schmecken am süßesten.

Quod licet Iovi, non licet bovi.
Was dem Jupiter freisteht, steht nicht dem Stier frei. – S. u. Si duo faciunt etc.

Quod nimis miseri volunt, hoc facile credunt.
Was die allzu Unglücklichen wollen, das glauben sie leicht.

Quod non!
Das nicht! – Es negiert etwas Voraufgegangenes nachdrücklich.

Quod non potest, vult posse, qui nimium potest. (Seneca)
Was er nicht kann, will können, wer zu viel kann.

Quod petiit, spernit, repetit, quod nuper omisit. (Horaz)
Was er suchte, verachtet er, er sucht wieder, was er kürzlich

fahren ließ. – So machen es die unbeständigen launenhaften Männer.

Quod pudeat socium, prudens celare memento.
Was den Genossen beschämt, das suche klüglich (als kluger Mann) geheim zu halten.

Quod ratio nequit, saepe sanavit mora. (Seneca)
Was der Verstand nicht bessern kann, bessert oft die Zeit.

Quod sequitur, fugio; quod fugit, usque sequor. (Ovid)
Was mich sucht, das fliehe ich; was mich flieht, das suche ich beständig.

Quod sis, esse velis, nihilque malis. (Martial)
Was du bist, das wolle sein und nicht mehr.

Quod sors feret, feremus aequo animo. (Terenz)
Was das Schicksal bringen wird, werden wir mit Gleichmut ertragen.

Quod supra nos, nihil ad nos. (Sprichwort)
Was über uns, ist nichts für uns.

Quod tibi fieri non vis, alteri ne feceris.
Was du nicht willst, das man dir tut, das füg auch keinem andern zu.

Quod verum simplex sincerumque est id naturae hominis est aptissimum. (Cicero)
Was wahr, einfach und aufrichtig ist, das ist der Natur des Menschen am meisten entsprechend.

Quod vide; q. v.
Was sieh'! – Sieh' dies nach!

Quod volunt homines, se bene velle putant.
Was die Mensche wollen, das meinen sie mit Recht zu wollen.

Quondam etiam victis redit in praecordia virtus. (VERGIL)
Zuweilen kehrt auch Besiegten die Tapferkeit ins Herz zurück.

Quorum pars magna fui.
Worin ich eine große Rolle spielte. – S. o. Et quor etc.

Quos deus perdere vult, dementat prius.
Diejenigen, welche Gott verderben will, macht er zuvor wahnsinnig.

Quos ego!
Welche ich! – Euch werde ich! Nämlich: gleich strafen.

Quod capita, tot sensus.
Wie viel Köpfe, so viel Sinne. – Die Selbständigkeit des Menschen, wie sie durch diesen Spruch hervorgehoben wird, ist noch auf mancherlei Weise auszudrücken;

Quot capita, tot sententiae.
Wie viel Köpfe, so viel Meinungen.

Quot capitum vivunt, totidem studiorum milia. (HORAZ)
Wie viel Köpfe leben, ebenso viele Tausende von Bestrebungen.

Quot homines, tot causae.
Wie viel Menschen so viel Gründe.

Quot homines, tot sententiae. (TERENZ)
Wie viel Menschen, so viel Meinungen.

Quotidiana vilescunt.
Alltägliches wird wertlos.

Quot servi, tot hostes. (SENECA)
Wie viel Sklaven, so viel Feinde. – Die Sklaven werden jede ihnen günstig scheinende Gelegenheit benutzen, ihre Fesseln zu brechen.

Quousque tandem – abutere, Catilina, patientia nostra?
Wie lange denn – wirst du, Catilina, unsre Langmut missbrauchen?

R

Radicitus.
Mit der Wurzel. – Gründlich.

Radit usque ad cutem. (Sprichwort)
Er schabt bis aufs Fell. – Er macht seine Sache gründlich.

Rara avis – in terris nigroque simillima cygno. (Ovid)
Ein seltener Vogel – auf Erden und einem schwarzen Schwane sehr ähnlich. – Man begnügt sich meistens mit den ersten beiden Worten, um eine außerordentliche Persönlichkeit in etwas ironischer Weise zu bezeichnen. Der letzte Zusatz hatte ja auch nur Sinn, solange Australien noch nicht entdeckt war.

Rari nantes in gurgite vasto. (Vergil)
Wenig Schwimmer auf weiter Tiefe. – Es handelt sich um Schiffbrüchige, die den Wellen zu entfliehen trachten; man gebraucht das Wort aber vielfach zur Bezeichnung von wenig Gutem, das erscheint unter einem Schwall von Nichtgutem.

Rarissime.
Sehr selten.

Ratio et consilium propriae ducis artes. (Tacitus)
Vernunft und Überlegung sind Künste, die dem Feldherrn zukommen.

Ratio iustifica.
Die rechtfertigende Vernunft.

Ratio quasi quaedam lux lumenque vitae. (Cicero)
Die Vernunft ist gleichsam ein gewisser Glanz und ein Licht des Lebens.

Re bene gesta.
Nach glücklicher Ausführung der Sache.

Rebus sic stantibus.
Bei solcher Sachlage.

Recenti mens trepidat metu. (Horaz)
Vor Furcht noch (von neuer Furcht) zittert mein Herz.

Recessus imperii.
Reichsabschied.

Recipe.
Nimm! – Anfang eines Rezepts.

Recta.
Geraden Weges; ohne Umschweife.

Recte bene!
Richtig gut!

Rector magnificus.
Der Titel des Rektors (Leiters) einer Universität.

Redde legiones.
Gib die Legionen wieder! – So rief Augustus, als er von der Niederlage des Varus hörte.

Redire ad nuces.
Zu den Nüssen zurückkehren. – Um wieder auf den Hund zu kommen.

Reditus annui.
Jährliche Einkünfte.

Redivivus.
Neu belebt.

Reductio ad absurdum.
Das Bringen zum Widersinnigen. – Das Verfahren, durch welches man einen Gegner zur Einsicht von der Verkehrtheit seiner Meinung bringt.

Refectorium.
Speisezimmer.

Reformatio in peius.
Umbildung zum Schlechteren. – D. i. Verschärfung des Urteils gegen den Appellanten.

Regia, crede mihi, res est succurrere lapsis. (Ovid)
Ein königliches Ding, glaube mir, ist es, Gefallenen zu helfen.

Regis ad exemplar totus componitur orbis.
Nach dem Beispiel des Königs wird der ganze Erdkreis eingerichtet.

Regis voluntas, suprema lex.
Des Königs Wille ist das höchste Gesetz.

Regius morbus.
Die königliche Krankheit. – Darunter verstand man im Altertume die Gelbsucht.

Regula fidei.
Glaubensregel.

Regum felicitas multis miscetur malis.
Das Glück der Könige ist gemischt mit vielen Übeln.

Re infecta.
Unverrichteter Sache.

Relata refero.
Ich erzähle Erzähltes. – Für die Wahrheit des Erzählten kann ich nicht durchaus einstehen.

Rem acu tetigisti.
Du hast die Sache mit der Nadel berührt. – Du hast den Nagel auf den Kopf getroffen.

Remedium – remedium iuris.
Heilmittel – Rechtsmittel.

Reminiscere, domine.
Gedenke, Herr. – (Name des zweiten Fastensonntags.)

Rem verba sequuntur.
Der Sache folgen Worte. – Die Angelegenheit wird nicht mehr mit demselben Eifer betrieben, wie früher.

Renovet pristina bella.
Mag er alte Kämpfe erneuern.

Reparabilis adsonat echo. (Persius)
Wiederholend ertönt das Echo.

Repente dives nemo factus est bonus. (Syrus)
Kein Guter ist plötzlich reich geworden.

Repetitio est mater studiorum.
Wiederholung ist die Mutter der Studien.

Reperit deus nocentem.
Gott findet den Schuldigen.

Requiem aeternam dona eis, domine!
Gib ihnen die ewige Ruhe, Herr! – So lautet der Anfang des kirchlichen Totengesangs in der römischen Kirche.

Requiescat in pace.
Er ruhe in Frieden.

Rerum omnium magister usus. (Cäsar)
Aller Dinge Meister ist der Gebrauch. (Die Übung, die Gewohnheit.)

Res adversae.
Unglück.

Res amicos invenit. (Plautus)
Die Sache findet Freunde. – Es heißt hier soviel als: Geld findet Freunde.

Reservatio mentalis.
Geistiger Vorbehalt.

Res est sacra miser. (Ovid)
Eine heilige Sache ist ein Unglücklicher. – Man soll des Unglücklichen nicht spotten.

Res est solliciti plena timoris amor. (Ovid)
Ein Ding voll unruhiger Furcht ist die Liebe.

Res humanae instabiles sunt et nihil habent firmitatis. (Cicero)
Die menschlichen Dinge sind unbeständig und haben keine Stetigkeit.

Res in cardine est.
Die Sache ist auf der (Tür-) Angel. – Die Sache ist in der Schwebe.

Res iudicata.
Eine entschiedene Sache.

Respice finem.
Bedenke das Ende.

Respue, quod non es. (Persius)
Weise zurück, was du nicht bist.

Res sunt humanae flebile ludibrium.
Die menschlichen Dinge sind ein beweinenswertes Spiel.

Restat iter coelo; coelo tentabimus ire. (Ovid)
Es bleibt der Weg am Himmel übrig; am Himmel werden wir versuchen zu gehen. – So sagte Dädalus zu seinem Sohne Ikarus, als er für diesen und für sich die Flügel fertigte, auf denen sie der Gefangenschaft des Minos entflohen.

Res unius aetatis.
Sache eines Menschenalters.

Rex datur propter regnum, non regnum propter regem.
Der König ist da für das Reich, nicht das Reich für den König.

Rex est, qui metuit nihil; rex est, qui cupit nihil. (Seneca)
Der ist ein König, der nichts fürchtet; der ist ein König, der nichts wünscht.

Rex numquam moritur.
Der König stirbt niemals. – Mit seinem Tode tritt eben sofort der Nachfolger ein.

Rex regnat, sed non gubernat.
Der König herrscht, aber er regiert nicht. – Das tut in einem konstitutionellen Staate das Ministerium.

Ridendo dicere verum.
Mit Lachen die Wahrheit sagen.

Ridentem dicere verum quid vetat? (Horaz)
Was verbietet es, lachend die Wahrheit zu sagen?

Ride, si sapis. (Martial)
Lache, wenn du weise bist. – Wenn du weise bist, wirst du Kummer und Sorgen nie über dich die Herrschaft gewinnen lassen.

Ridere in stomacho. (Cicero)
Innerlich (eigentlich: im Bauche) lachen.

Ridet argento domus. (Horaz)
Es lacht (strahlt) das Haus von Silber.

Ridetur, chorda qui semper oberrat eadem. (Horaz)
Es wird verlacht, wer immer auf der selben Saite sich vergreift. – Wer immer dieselbe Lächerlichkeit wieder begeht, wird verspottet.

Ridiculum acri fortius et melius magnas plerumque secat res. (Horaz)
Das Lächerliche entscheidet oft weit nachdrücklicher und besser große Dinge.

Rigorosum.
Schlussprüfung.

Risu dissolvit ilia. (Petronius Arbiter)
Er zerreibt sich die Weichen vor Lachen. – Wir sagen: Er hält sich den Bauch; oder: Er schüttelt sich vor Lachen.

Risu inepto res ineptior nulla est. (Martial)
Nichts ist alberner, als ein albernes Lachen.

Risum teneatis, amici? (Horaz)
Möchtet ihr das Lachen zurückhalten, meine Freunde?

Risus abundat in ore stultorum.
Das Lachen überwiegt im Gesichte des Narren. – An vielem Lachen erkennt man den Narren.

Rivalem patienter habe. (Ovid)
Den Nebenbuhler ertrage geduldig.

Romae Tibur amem, ventosus, Tibure Romam. (Horaz)
Zu Rom möchte ich Tibur vorziehen, wetterwendisch, zu Tibur Rom.

Roma locuta est, causa finita est (auch: **Roma locuta, causa finita**).
Rom hat gesprochen, der Prozess ist zu Ende. – Das Wort entstammt dem Mittelalter und bezieht sich zunächst natürlich nur auf kirchliche Dinge. Gegen die Entscheidung des kirchlichen Oberhauptes gibt es keine Appellation.

Rore vixit more cicadae. (Sprichwort)
Von Tau lebte er gleich dem Heimchen.

Rudis indigestaque moles. (Ovid)
Eine rohe und ungeordnete Masse – war nach Ovid zu Anfang die Erde; das ist das Tohuwabohu der Hebräer und das Chaos der Griechen.

Ruere in servitium.
Sich in Knechtschaft stürzen.

Rus in urbe. (Martial)
Land in der Stadt. – So kann es der Reiche haben.

S

Sacra scriptura.
Die heilige Schrift.

Sacrum pingue dabo, non macrum sacrificabo.
Ich werde ein fettes Opfer bringen, kein mageres werde ich opfern. – Die Worte bilden so einen fehlerhaften Hexameter, in umgekehrter Reihenfolge einen richtigen Pentameter. Wir haben also eine Art Palindrom vor uns, dessen Geburtstag, wie man aus der Beschaffenheit des Hexameters und aus dem Inhalte der Verse – denn es stellt der Hexameter eine Äußerung Abels, der Pentameter eine solche von Kain dar – erkennen kann, ins Mittelalter fällt.

Saepe est sub pallio sordido sapientia. (Cicero)
Oft steckt Weisheit unter einem schlechten Kittel.

Saepe etiam est olitor valde opportuna locutus. (Sprichwort)
Oft hat auch ein Kohlgärtner sehr Passendes gesprochen.

Saepe in coniugiis fit noxia, cum nimia est dos. (Ausonius)
Oft entsteht Unglück in der Ehe, wenn die Mitgift zu groß ist.

Saepe in magistrum scelera redierunt sua. (Seneca)
Oft fallen auf den Anstifter seine Vergehen zurück.

Saepe ingenia calamitate intercidunt. (Phaedrus)
Oft gehen große Geister im Unglück unter.

Saepe premente deo fert deus alter opem.
Wenn ein Gott bedrängt, bringt oft ein anderer Gott Hilfe. – Das ist also unser Glück im Unglück.

Saepe stylum vertas. (Horaz)
Kehre oft den Griffel um. – Um mit dem dicken Ende desselben das in Wachs Geschriebene wieder zu glätten und zu verbessern. Es handelt sich um eine Vorschrift, die dem Dichter gegeben wird.

Saepe summa ingenia in occulto latent. (Plautus)
Oft bleiben die größten Geister im Dunklen verborgen.

Saepe tacens vocem verbaque vultus habet. (Ovid)
Oft hat die schweigende Miene Stimme und Worte.

Saepe via obliqua praestat quam tendere recta.
Oft ist es besser den krummen als den geraden Weg zu wandeln. – Ein Gedanke ähnlich demjenigen, den wir durch: Eile mit Weile! ausdrücken.

Saevi inter se conveniunt ursi. (Juvenal)
Die wilden Bären (selbst) sind unter sich einig. – Nur die Menschen sind untereinander Feinde.

Saevit amor ferri et scelerata insania belli.
Es wütet die Liebe zum Eisen (zu den Waffen) und der verbrecherische Wahnsinn des Krieges.

Sal Atticum.
Das attische Salz. – So hieß bei den Römern die besonders den Athenern eigene Gabe von Witz und Gewandtheit.

Salus civitatis.
Das Wohl des Staates.

Salus populi suprema est lex.

Das Wohl des Volkes ist höchstes Gesetz. – Das Wort soll aus den zwölf Tafeln stammen. Übrigens huldigte Aristoteles einem gleichen Grundsatze.

Salva dignitate.

Mit Wahrung der Würde.

Salva venia.

Vergebung vorbehalten; mit Erlaubnis.

Salve domine!

Sei gegrüßt, Herr!

Salvo errore atque omissis – et omissione (= S. E. & O.)

Vorbehaltlich Irrtum und Auslassungen.

Salvo iure.

Mit Wahrung des Rechtes.

Salvo pudore.

Mit Wahrung der Sittsamkeit.

Salvum fac regem.

Erhalte den König.

Sancta simplicitas!

Die heilige Einfalt! – S. o. O sancta etc.

Sapere aude! (Horaz)

Wage weise zu sein!

Sapiens, cum laudatur in facie,
flagellatur in mente. (Sprichwort)

Wenn der Weise ins Angesicht gelobt wird, wird er im Geiste getadelt.

Sapiens dominabitur astris.
Der Weise wird den Sternen gebieten.

Sapiens nihil affirmat, quod non probet.
Der Weise behauptet nichts, was er nicht beweist.

Sapienter vitam instituere. (Terenz)
Sein Leben weise einrichten.

Sapientia prima stultitia caruisse. (Horaz)
Der Anfang der Weisheit ist, ohne Torheit zu sein.

Sapienti sat. (Plautus und Terenz)
Für den Vernünftigen genug.

Sapientissimus inter sapientes. (Cicero)
Der Weiseste unter Weisen. – So wurde Thales genannt.

Sapientum octavus. (Horaz)
Der achte Weise. – Wir sprechen wohl vom achten Wunder der Welt, aber nicht vom achten Weisen, sondern eher von einem zweiten Salomon.

Sat cito, si sat bene. (Sprichwort)
Schnell genug, wenn gut genug.

Sat cito, si sat tuto.
Schnell genug, wenn sicher genug.

Satis eloquentiae, sapientiae parum. (Sallust)
Genug Beredsamkeit, zu wenig Weisheit.

Satis quod sufficit.
Genug ist, was genügt.

Satis superque.
Genug und drüber.

Satius est recurrere, quam currere male.
Es ist besser zurückzulaufen, als schlecht zu laufen.

Sat prata biberunt.
Genug haben die Wiesen getrunken.

Sat pulchra, si sat bona. (Sprichwort)
Schön genug, wenn gut genug.

Saxa loquentur.
Die Felsen werden reden.

Saxum volutum non obducitur musco. (Sprichwort)
Ein rollender Fels wird nicht vom Moos überzogen.

Scapham scapham dicere.
Einen Kahn einen Kahn nennen. – Ein Ding beim rechten Namen nennen.

Scelere velandum est scelus. (Seneca)
Ein Verbrechen muss durch ein anderes verhehlt werden.

Scienta popinae. (Seneca)
Die Küchenkunde; die Kochkunst.

Scilicet = Scire licet.
Es versteht sich. – Oft gleich nämlich.

Scinditur incertum studia in contraria vulgus. (Vergil)
Zerteilt ist das ungewisse Volk in entgegengesetzte Bestrebungen.

Scio, coactus tua voluntate es. (Terenz)
Ich weiß, du wirst getrieben durch deinen Willen.

Scire volunt omnes, mercedem solvere nemo. (Juvenal)
Wissen wollen alle, Geld bezahlen keiner.

Scire volunt secreta domus, atque inde timeri. (Juvenal)
Sie wollen die Geheimnisse des Hauses wissen und daher dann gefürchtet werden. – Diese beiden Verse zeigen uns, wie es zu Juvenals Zeiten in Rom aussah.

Scit uti foro.
Er versteht den Markt zu gebrauchen. – Er kennt das Geschäft.

Scopae recentiores semper meliores.
Die neueren Besen sind immer die besseren. – Neue Besen kehren gut.

Scribendi recte sapere est et principium et fons.
Wissen ist Anfang und Quelle des richtigen Schreibens.

Scribimus indocti doctique. (Horaz)
Wir schreiben, Gelehrte und Ungelehrte. – Danach sollte man glauben, dass die Schreibwut zu Horaz Zeiten schon ebenso arg gewesen, wie heutzutage.

Scribitur ad narrandum, non ad probandum.
Um zu erzählen, nicht um zu beweisen, schreibt man.

Scripta manent.
Das Geschriebene bleibt.

Secrete amicos admone, lauda palam. (Syrus)
Heimlich ermahne die Freunde, öffentlich lobe sie.

Secundae cogitationes meliores.
Die zweiten Gedanken sind die besseren.

Secundo amne defluit.
Er fließt hinab mit dem Strom. – Er schwimmt mit dem Strom.

Secundum ordinem.
Nach der Reihe.

Secundum usum.
Dem Gebrauche gemäß.

Sedet, aeternumque sedebit infelix Theseus. (Vergil)
Er sitzt und wird ewig sitzen, der unglückliche Theseus.

Sed fugit interea, fugit irreparabile tempus. (Vergil)
Aber es entflieht inzwischen, es entflieht unwiederbringlich die Zeit.

Sed non ego credulus illis. (Vergil)
Aber ich glaube ihnen nicht.

Sed summa sequar fastigia rerum. (Vergil)
Aber die höchsten Spitzen der Dinge werde ich verfolgen. – Ich will sprechen über die höchsten Dinge.

Sed taciti fecere tamen convicia vultus. (Ovid)
Aber die schweigenden Mienen verkünden dennoch Tadel.

Semel abbas, semper abbas.
Einmal Abt, für immer Abt. – Das Wort konnte natürlich erst im Mittelalter entstehen.

Semel insanivimus omnes.
Einmal sind wir alle toll gewesen.

Semper aliquid haeret.
Immer bleibt etwas hängen. – S. o. Calumniare audacter etc.

Semper avarus eget; certum voto pete finem. (Horaz)
Immer entbehrt der Habsüchtige; trachte nach einer bestimmten Grenze für deine Wünsche.

Semper bonus homo tiro est. (Martial)
Immer ist der gute Mensch Rekrut. – Der gute Mensch bleibt immer Anfänger. S. o. Bonus vir etc.

Semper honos nomenque tuum laudesque manebunt. (Vergil)
Immer wird deine Ehre, dein Name und dein Ruhm bleiben.

Semper idem.
Immer derselbe.

Semper inops, quicumque cupit. (Claudianus)
Immer ist arm, wer wünscht.

Semper nocuit differre paratis. (Lucan)
Immer schadete Aufschub denjenigen, die bereit waren.

Semper paratus.
Immer bereit.

Senem iuventus pigra mendicum creat. (Sprichwort)
Eine faule Jugend schafft einen alten Bettler.

Seniores priores.
Die Älteren zuerst.

Sensus communis.
Die allgemeine Empfindung (Meinung).

Sensu strictiori.
Im engeren Sinne.

Sensu proprio.
Im eigentlichen Sinne.

Sensu latiori.
Im weiteren Sinne.

Septem convivium, novem convicium.
Sieben ist ein Gastmahl, neun ist ein Schandmahl. – Die Alten waren in ihren Ansprüchen – so lange sie noch unverdorben waren – äußerst mäßig.

Septem horas dormisse sat est iuvenique, senique.
Sieben Stunden Schlaf ist genug für Jüngling und Greis.

Septennis cum sit, nondum edidit dentes.
Obwohl er schon sieben Jahre ist, hat er doch die Milchzähne noch nicht verloren. – Etwa unser: Alter schützt vor Torheit nicht.

Sequentem fugit, fugientem sequitur.
Wer ihn sucht, den flieht er; wer ihn flieht, den sucht er. – Der Ruhm ist gemeint; s. o. den Vers aus Ovid: Quod sequitur etc.

Sequitur ver hiemem. (SPRICHWORT)
Es folgt der Frühling dem Winter.

Sera in fundo parsimonia. (SENECA)
Zu spät ist die Sparsamkeit auf dem Grunde. – Nämlich der Börse.

Sera numquam est ad bonos mores via. (SENECA)
Zu spät ist niemals der Weg zu guten Sitten.

Series implexa causarum. (SENECA)
Die verwickelte Ordnung der Ursachen. – Das ist das Schicksal.

Serit abores, quae in altera saecula prosint. (STATIUS)
Er pflanzt Bäume, welche für andere Jahrhunderte nützlich sind.

Serius aut citius sedem properamus ad unam. (OVID)
Später oder früher eilen wir zu der selben Stelle (zum Tode).

Sermo datur cunctis, animi sapientia paucis.
Sprache ist allen, Weisheit des Geistes wenigen gegeben.

Sero recusat ferre quod subiit iugum. (Seneca)
Zu spät weigert er sich, das Joch zu tragen, welches er auf sich nahm.

Sero sapiunt Phryges. (Sprichwort)
Zu spät werden die Phryger weise. – Diese – die Trojer – dachten erst daran, die Helena auszuliefern, als schon ihre Stadt nicht mehr zu retten war.

Sero venientibus ossa.
Den zu spät kommenden die Knochen. – Wir sagen: Wer nicht kommt zur rechten Zeit, muss nehmen, was übrig bleibt.

Serpens, ni edat serpentem, draco non fiet. (Sprichwort)
Wenn die Schlange keine Schlange frisst, wird sie kein Drache werden.

Serum est cavendi tempus in mediis malis. (Seneca)
Zu spät ist die Zeit sich zu schützen inmitten von Übeln.

Servare cives, maior est virtus patriae patri. (Seneca)
Seine Bürger zu erhalten, ist die größte Tugend dem Vater des Vaterlandes.

Servum pecus.
Das Sklavenvieh.

Sibi quisque peccat. (Sprichwort)
Jeder sündigt sich selbst (zu seinem Schaden).

Sibi quisque proximus.
Jeder ist sich selbst der Nächste.

Sibi uni fortunam debet.
Sich allein verdankt er sein Glück.

Si cadere necesse est, occurendum discrimini. (Tacitus)
Wenn man fallen muss, muss man der Gefahr entgegen gehen.

Sic eunt fata hominum.
So gehen die Geschicke der Menschen.

Sic itur ad astra. (Vergil)
So steigt man zu den Sternen. – Durch Tugend.

Sic me servavit Apollo.
So rette mich Apollo.

Si componere magnis parva mihi fas est.
S. u. Si parva etc. Wenn Kleines mit Großem zusammenzustellen, mir zusteht.

Sic passim.
So überall.

Sic te diva potens Cypri ... regat. (Horaz)
So führe dich Zyperns mächtige Göttin (die Venus)!

Sic transit gloria mundi.
So vergeht der Ruhm der Welt.

Si cui vis apte nubere, nube pari. (Ovid)
Wenn du dich passend vermählen willst, vermähle dich mit deinesgleichen. – Der Dichter denkt bei den Worten nur an das Alter, es hat aber auch sonst Berechtigung.

Si cum Iesuitis, non cum Iesu itis.
Wenn mit den Jesuiten, geht ihr nicht mit Jesu. – Jesuitenpfade sind nicht Jesu Pfade.

Sic utere tuo, ut alieno non laedas.
So gebrauche das Deine, dass du Fremdes nicht beschädigst.

Sic visum superis.
So erschien's den Göttern – (richtig zu sein).

Sic vive cum hominibus, tamquam deus videat, et videt. (SENECA)
So lebe mit den Menschen, als wenn Gott es sieht, und er sieht's.

Sic volo, sic iubeo etc.
S. o. Hoc volo.

Sic vos, non vobis!
So ihr, nicht für euch! – Ruft man fleißigen Leuten zu, die von ihrer Arbeit nichts haben, weil ein andrer sich die Früchte nimmt. So war es auch Vergil mit einigen Versen ergangen. Zur Zeit der öffentlichen Spiele wechselten nämlich einmal regnerische Nächte mit sonnigen Tagen ab, und Vergil, damals noch ein unbekannter junger Mann, schrieb nun folgende Verse:
Nocte pluit tota, redeunt spectacula mane; Divisum imperium cum Iove Caesar habet.
Die ganze Nacht hindurch regnet es, am Morgen gibt es wieder Spiele; die Herrschaft geteilt hat mit Jupiter Caesar.
Diese Verse befestigte der Dichter an einem ziemlich in die Augen fallenden Platze, und bald forschte man nach dem Dichter. Da meldete sich dann ein Dichterling Bathyll und erhielt eine schöne Belohnung. Empört und zur Wahrung seiner Rechte, schrieb nun Vergil unter das obige Distychon
Hos ego versiculos feci, tulit alter honores. S. o.
Diese Verse machte ich, ein andrer trug die Ehre davon – und dann noch viermal die zu Anfang stehenden Worte: Sic vos etc. Als diesen Versanfang nun niemand ergänzen konnte, da trat Vergil hervor und ergänzte folgendermaßen:
Sic vos, non vobis, nidificatis, aves.

Sic vos, non vobis, vellera fertis, oves.
Sic vos, non vobis, mellificatis apes.
Sic vos, non vobis, fertis aratra, boves.
So nistet ihr, nicht für euch, ihr Vögel.
So tragt ihr, nicht für euch, Vliese, ihr Schafe.
So bringt ihr, nicht für euch, Honig, ihr Bienen.
So tragt ihr, nicht für euch, Joche, ihr Kinder. –
Natürlich erreichte er seinen Zweck jetzt vollständig.

Sicut ante.
Wie vorher.

Sicuti aurum ignis, ita etiam amicos tempus iudicat.
Wie Feuer das Gold, so erprobt auch die Zeit die Freunde.

Si deus nobiscum, quis contra nos?
Wenn Gott mit uns (ist), wer (kann) gegen uns (sein)?

Si duo faciunt idem, non est idem.
Wenn zwei dasselbe tun, ist es nicht dasselbe.

Si fecisti, nega.
Wenn du es getan hast, leugne.

Si foret in terris, rideret Democritus. (HORAZ)
Wenn er auf der Erde wäre, würde Demokrit lachen. – Dieser Philosoph hatte den Grundsatz, über die Torheiten der Menschheit zu lachen und wurde daher auch »der lachende Philosoph« ganannt, ganz im Gegensatze zu Heraklit, der aus demselben Grunde stets weinte, von dem man aber trotzdem, im Anschluss an die obigen Worte gesagt hat:

Si foret in terris, rideret Heraclitus.
Wenn er (jetzt) auf der Erde wäre.

Si fractus illabatur orbis,
impavidum ferient ruinae. (HORAZ)

Wenn geborsten der Erdball einstürzt, werden die Trümmer einen Unerschrockenen erschlagen.

Si iudicas, cognosce; si regnas, iube. (SENECA)

Wenn du richtest, untersuche; wenn du herrschest, befiehl. – Der Herrscher ist eben nach dieser Ansicht nur durch seinen Willen gebunden.

Silent leges inter arma. (CICERO)

Die Gesetze schweigen unter Waffenlärm. – Während des Krieges ruht die gesetzgeberische Tätigkeit. S. o. Inter arma etc.

Silentium.

Stillschweigen; Stille.

Si leonina pellis non satis est, assuenda vulpina. (SPRICHWORT)

Wenn das Löwenfell nicht genug ist, muss man das Fuchsfell anflicken. – Was nicht mit Gewalt durchzusetzen ist, ist vielleicht durch List zu erlangen.

Simia, quam similis, turpissima bestia, nobis!

Wie ist doch der Affe, das hässliche Tier, uns so ähnlich.

Simia simia est, etiamsi aurea gestet insignia. (SPRICHWORT)

Der Affe ist ein Affe, wenn er auch goldene Ehrenzeichen trägt.

Simile claudicans.

Ein hinkender Vergleich.

Simile gaudet simili. (SPRICHWORT)

Das Ähnliche erfreut sich des Ähnlichen. – Gleich und gleich gesellt sich gern.

Similes habent labia lactuas. (Sprichwort)
Die Lippen haben (sich selbst) ähnlichen Salat. – So sagte Crassus, als er einen Esel eifrig Disteln fressen sah, und das war die einzige Gelegenheit, bei der man ihn lachen sah.

Similia similibus curantur.
Ähnliches wird durch Ähnliches geheilt. – Das ist die Ansicht der Homöopathen.

Simplex munditiis.
Einfach im Schmuck. – Gemeint kann auch der Schmuck der Rede sein.

Simulatio amoris peior odio est. (Plinius)
Heuchelei der Liebe ist schlimmer als Hass.

Si natura negat facit indignatio versum. (Juvenal)
Wenn die Natur es verweigert, bildet der Unwille den Vers.

Sincere et constanter.
Aufrichtig und beständig. – Inschrift des roten Adlerordens.

Sine Cerere et Baccho friget Venus.
Ohne Ceres und Bacchus friert Venus. – Bei Hunger und Durst hat die Liebe keinen Bestand.

Sine cura.
Ohne Sorge. – Daher die Bezeichnung Sinekure für eine Stelle, die wenig Arbeit erfordert, aber reichliches Auskommen gewährt.

Sine invidia.
Ohne Neid.

Sine ira et studio.
Ohne Zorn und Eifer. – Keinem zu Lieb, keinem zu Leid.

Sine nomine vulgus.

Das Volk ohne Namen. – Das gewöhnliche Volk, welches nicht aus vornehmen Hause ist.

Sine odio.

Ohne Hass.

Sine pennis volare haud facile est. (Plautus)

Ohne Federn zu fliegen, ist nicht eben leicht.

Sine qua non.

Ohne welche nicht. – Vollständig: Conditio, sine etc. Die Bedingung, ohne welche nicht – etwas zustande kommt.

Sine vitiis nemo nascitur.

Ohne Fehler wird niemand geboren.

Si nihil infesti durus vidisset Ulysses;
Penelope felix, sed sine laude foret. (Ovid)

Wenn kein Leid der harte Odysseus gesehen hätte, wäre Penelope glücklich, aber ohne Ruhm gewesen.

Si »nisi« non esset, perfectus quilibet esset.

Wenn das »Außer« nicht wäre, wäre mancher vollkommen.

Si non errasset, fecerat ille minus. (Martial)

Wenn er nicht geirrt hätte, hätte jener weniger getan. – Durch den begangenen Irrtum wurde er veranlasst, nun erst recht alle Kräfte anzuspannen.

Sint Maecenates, non deerunt, Flacce, Marones. (Martial)

Es seien nur Mäzene (Kunstgönner), so werden, lieber Flaccus (Horaz), auch die Maronen (Dichter wie Ovidius Maro) nicht fehlen.

Sint sales sine vilitate.

Es seien die Witze ohne Gemeinheit.

Sint, ut sunt, aut non sint.
Sie seien, wie sie sind, oder sie seien nicht. – So hieß es von den Jesuiten, als es sich einmal darum handelte, deren Ordensverfassung zu ändern.

Si parva licet componere magnis.
Wenn es gestattet ist, Kleines mit Großem zu vergleichen.

Si quid fecisti, nega.
Wen du etwas getan hast, leugne es. – Grundsatz der unehrlichen und feigen Leute.

Si quis.
Wenn jemand.

Si quis dat mannos, ne quaere in dentibus annos.
Wenn jemand Pferde schenkt, so untersuche nicht nach den Jahren die Zähne. – Wie Form und Sprache zeigen, ein Hexameter, der aus dem Mittelalter stammt.

Si res ita sit, valeat laetitia.
Wenn die Sache so liegt, dann lebe wohl die Fröhlichkeit.

Sis mihi mollis!
Sei mir hold!

Sit modus in rebus, sint certi denique fines.
Das oben gegebene Est modus etc. in einen Wunsch umgewandelt.

Sit modus lasso maris et viarum militiaeque. (Horaz)
Für den Müden sei ein Ende der Meerfahrt, der Märsche und des Kriegsdienstes.

Sit piger ad poenas princeps, ad praemia velox. (Ovid)
Es sei der Fürst langsam zu Strafen, zu Belohnungen schnell.

Sit procul omne nefas; ut ameris, amabilis esto. (Ovid)
Fern sei alles Ungehörige; dass du geliebt werdest, sei liebenswert.

Sit tibi credibilis sermo, consuetaque verba. (Ovid)
Deine Rede sei glaubwürdig, deine Worte, wie gebräuchlich.

Sit tibi terra levis.
Es sei dir die Erde leicht. – Grabschrift.

Sit tua cura sequi, me duce tutus eris. (Ovid)
Deine Sorge sei es, zu folgen, unter meiner Führung wirst du sicher sein.

Sit venia verbo (verbis).
Sei Gnade dem Worte (den Worten.) – Man entschuldige den Ausdruck.

Si vir es, i. (Ovid)
Wenn du ein Mann bist, geh'.

Si vis pacem, para bellum.
Wenn du den Frieden willst, rüste zum Krieg.

Smegma commessatum reliquo parat oris hiatum.
Das verzehrte Reinigungsmittel bewirkt dem Übrigen ein Aufreißen des Mundes. – Der Appetit kommt beim Essen.

Societas Iesu.
Die Gesellschaft Jesu. – Jesuiten.

Societas leonina.
Ein Löwenvertrag. – S. o. Leonina etc.

Societatis vinculum est ratio et oratio. (Cicero)
Die Bande der Gesellschaft ist Vernunft und Sprache.

Socius fidelis anchora tuta est.
Ein treuer Gefährte ist ein sicherer Anker.

Solamen miseris socios habuisse malorum.
Es ist ein Trost für die Elenden, Leidensgenossen zu haben. – Elende kann im doppelten Sinne gebraucht werden.

Sol decedens crescentes duplicat umbras. (VERGIL)
Die sinkende Sonne verdoppelt die wachsenden Schatten.

Solem e mundo tollunt qui amicitiam e vita tollunt.
Es rauben der Welt die Sonne diejenigen, welche dem Leben die Freundschaft rauben.

Solem quis dicere falsum audeat? (VERGIL)
Wer wollte wagen, die Sonne falsch zu nennen?

Solent mendaces luere poenas maleficii. (PHAEDRUS)
Die Lügner erleiden gewöhnlich die Strafe der Übeltat.

Soli deo gloria.
Gott allein die Ehre.

Solitudinem faciunt, pacem appellant. (TACITUS)
Eine Einöde schaffen sie, Frieden nennen sie's.

Sol lucet omnibus.
Die Sonne leuchtet allen.

Solum patriae omnibus est carum,
dulce atque iucundum. (CICERO)
Der Boden des Vaterlandes ist allen teuer, lieb und angenehm.

Sorex suo perit indicio. (SPRICHWORT)
Die Maus kommt um auf ihr bloßes Erscheinen. – Man bedarf

nicht erst des Beweises, dass sie auch wirklich Böses getan hat.

Sortes Homericae (Vergilianae, Sanctorum).
Homerische (Vergilische) Schicksalssprüche, Schicksalssprüche der Heiligen. – Gemeint ist damit jener Aberglaube, nach dem man aus einer beliebig aufgeschlagenen Stelle der Werke dieser Dichter oder der Bibel Auskunft über die Zukunft oder über das zweckmäßigste Verhalten in einer zweifelhaften Lage zu erhalten glaubt.

Spargere voces in vulgum ambiguas. (Vergil)
Zweifelhafte Gerüchte unter das Volk streuen.

Species facti.
Die Einzelheiten des Tatbestandes.

Spectas, et tu spectaberis.
Du blickst aus, und wirst erblickt werden. – In dem, was dir gezeigt wird, wirst du bei gehöriger Aufmerksamkeit dich selbst erkennen.

Spectatum admissi, risum teneatis, amici. (Horaz)
Zum Schauen zugelassen, möchtet ihr das Lachen zurückhalten, Freunde?

Spectatum veniunt, veniunt, spectentur ut ipsae. (Ovid)
Sie kommen, um zu schauen, sie kommen, damit sie selbst gesehen werden. – Ovid meinte dies von den römischen Damen, die zu den öffentlichen Spielen kamen. Vielleicht würde das auch noch unseren Damen gelten, die dahin gehen, wo es etwas zu sehen und zu hören gibt, und wo sie selbst gesehen werden.

Spem bonam certamque domum reporto.
Eine gute und gewisse Hoffnung bringe ich mit heim.

Sperate et vosmet rebus servate secundis. (Vergil)
Hofft, und erhaltet euch für glückliche Zeiten.

Speremus, quae volumus, sed quae acciderit, feramus. (Cicero)
Lasst uns hoffen, was wir wollen, aber was sich ereignet, lasst uns tragen.

Sperne voluptates, nocet empta dolore voluptas. (Horaz)
Verachte die Vergnügungen, es schadet das durch Schmerz erkaufte Vergnügen.

Spes gregis. (Vergil)
Die Hoffnung der Herde. – Gemeint ist die Bezeichnung in dem Sinne wie wir etwa gebrauchen: Die Hoffnung der Familie.

Spes incerta futuri.
Die Hoffnung auf Zukünftiges ist ungewiss.

Spes sibi quisque.
Jeder sei sich selbst Hoffnung; habe seine Hoffnung in sich.

Spiritus familiaris.
Ein Schutzgeist.

Spiritus promptus est, caro autem infirma.
Der Geist ist willig, aber das Fleisch ist schwach.

Spiritus rector.
Der leitende Geist.

Splendide mendax.
In edler Weise lügnerisch. – Entweder ernst gemeint und heißt dann: zu einem edlen Zwecke lügnerisch; oder ironisch und heißt dann: ein Erzaufschneider.

S. T. = Salvo Titulo.
Mit Wahrung des Titels.

Stabat mater dolorosa.
Es stand die schmerzensreiche Mutter. – Der Anfang eines Teiles der Totenmesse in der katholischen Kirche. Man bezeichnet indessen mit diesem Ausdruck auch die bildliche Darstellung der schmerzensreichen Mutter, etwa, wie man sie sich am Kreuze stehend vorstellt.

Stans pede in uno. (HORAZ)
Auf einem Fuße stehend. – Eine Sache, von der man diese Bezeichnung gebraucht, ist nur halb gut; sie steht nicht vollständig.

Stante pede.
Stehenden Fußes.

Stat magni nominis umbra. (LUCAN)
Er steht da, der Schatten eines großen Namens. – Gemeint ist Pompejus, als er vor Ausbruch des Bürgerkrieges auf seinen Lorbeeren ausruht.

Stat pro ratione voluntas.
Statt des Grundes stehe der Wille. – S. o. Hoc volo etc.

Status quo; status in quo
Der Zustand in dem.

Statu quo; in statu quo.
In dem Zustande, in dem – sich eine Sache jetzt befindet, oder früher befand; z. B. die Verhältnisse eines Staates werden wieder gebracht auf den status quo ante bellum; – auf den Stand vor dem Kriege.

Stercus et urina medicorum ferula prima.
Stuhlgang und Urin ist der Ärzte erstes Kraut.

Stillicidii casus lapidem cavat. (LUCAN)
Der Fall des Tropfens hölt den Stein.

Stimulos dedit aemula virtus. (LUCAN)
Sporen lieh die wetteifernde Tapferkeit.

Stomachatur omnia. (CICERO)
Er frisst alles in sich. – D. h. er ist über alles unwillig.

Stilus curiae.
Kanzleistil; -schreibweise.

Stipulata manu.
Mit Handschlag.

Studere suis commodis. (CICERO)
Für seine Vorteile Sorge tragen.

Studio culinae tenetur. (CICERO)
Durch Sorge für die Küche wird er gefesselt.

Stud. Iur.
Student der Rechte

Stultitia est venatum ducere invitos canes. (PLAUTUS)
Es ist Torheit, widerwillige Hunde zum Jagen hinauszuführen.

Stultitiam dissimulare non potes nisi taciturnitate.
Torheit kannst du nur durch Schweigsamkeit verhehlen.

Stultitiam patiuntur opes. (HORAZ)
Reichtümer erlauben Torheit. – Sie machen sie gewissermaßen gut.

Stultitiam simulare loco, sapientia summa est.
Torheit gelegentlich zu heucheln, ist die höchste Weisheit.

Stultorum calami carbones, moenia chartae. (Sprichwort)
Der Toren Griffel ist die Kohle, ihre Tafel die Mauer. – Narrenhände beschmieren Tisch und Wände.

Stultum est dicere: Non putarem.
Töricht ist es, zu sagen: Man sollte nicht glauben. – Denn der Weisen Grundsatz ist: Sich über nichts wundern; s. o. Nil admirari etc.

Stultum est timere quod vitari non potest. (Syrus)
Töricht ist es, zu fürchten, was nicht vermieden werden kann.

Stultus es, rem actam agis. (Plautus)
Du bist ein Tor, du tust, was schon geschehen ist.

Stultus, qui patre occiso, liberos relinquat. (Sprichwort)
Töricht ist, wer den Vater tötet und die Kinder übrig lässt. – Es ist das eine halbe Arbeit, die verderbliche Folgen nach sich ziehen kann. Das Wort will sagen: Man muss nichts halb tun.

Stultus semper incipit vivere. (Sprichwort)
Der Tor fängt immer an zu leben. – Er schmiedet immer Pläne für die Zukunft.

Stylus virum arguit.
Der Stil zeigt den Mann.

Sua confessione hunc iugolo. (Cicero)
Durch sein eigenes Geständnis vernichte ich ihn.

Sua cuique deus fit dira cupido. (Vergil)
Die eigene schreckliche Begierde wird für jeden zum Verhängnis.

Sua cuique sponsa, mihi, mea.
Einem jeden seinen Schatz, mir den meinigen.

Sua cuique vita obscura est.
Für jeden ist sein Leben dunkel. – Niemand ist ein gerechter Richter seines eigenen Verhaltens.

Sua cuique voluptas.
Jeder hat sein eigenes Vergnügen. – Jedem Narren gefällt seine Kappe.

Suae quisque faber fortunae.
Jeder ist seines Glückes Schmied.

Sua munera mittit cum hamo. (Sprichwort)
Er sendet seine Geschenke mit einem Angelhaken versehen. – Er wirft mit der Wurst nach dem Schinken, wie wir sagen.

Sua regina regi placet, Iuno Iovi. (Plautus)
Dem Könige gefällt seine Königin, dem Jupiter die Juno. – Jeder Hans hat seine Grete.

Sua sponte.
Aus eigenem Antrieb.

Suave est ex magno tollere acervo. (Horaz)
Es ist angenehm, vom großen Haufen zu nehmen. – Horaz meint die Sache satirisch: Das Wenige, was man zu eigenem Nutzen braucht und gebrauchen kann, aus einem fremden reichen Vorrate zu nehmen ist angenehm; indes kann das Wort außerhalb des Zusammenhangs auch einfach in dem Sinne gebraucht werden: Es ist angenehm aus den Vollen zu schöpfen.

Suaviter in modo, fortiter in re.
Milde in der Weise, stark in der Sache.

Sub auspiciis.
Unter (günstigen) Anzeichen. – Begünstigung.

Sub fine (finem).
Gegen Ende.

Sub initio.
Gegen Anfang.

Sub iove frigido. (Horaz)
Unter kaltem Himmel.

Sub iudice.
S. o. Adhuc sub etc.

Sublata causa tollitur effectus.
Mit der Ursache wird auch die Wirkung aufgehoben.

Sublimi feriam sidera vertice. (Horaz)
Mit erhabenen Scheitel werde ich die Gestirne berühren. – So sagt Horaz von sich selbst, als er einmal von dem Ruhm spricht, den er sich durch seine Gedichte erwerben wird.

Sub omni lapide scorpius dormit. (Sprichwort)
Unter jedem Steine schläft ein Skorpion. – Man handle überall und zu allen Zeiten vorsichtig, da die Gefahr oft von einer Seite kommt, von der man sie nicht erwartet.

Sub poena.
Bei Strafe.

Sub rosa.
Unter der Rose. – D. i. unter dem Siegel der Verschwiegenheit. Die Rose war schon bei den Alten eine sehr beliebte Blume, welche bei Besuchen als Schmuck der Zimmer und der Gäste diente. Was dort gesprochen und verhandelt wurde, durfte natürlich nicht ohne weiteres ausgeplaudert werden; so wurde die Rose das Zeichen der Verschwiegenheit, wie man sie auch als Zeichen der Liebe und Erinnerung auf Münzen und Gräbern findet.

Sub sigillo confessionis.
Unter dem Siegel der Beichte.

Successus ad perniciem multos devocat. (Phaedrus)
Der Erfolg führt viele ins Verderben.

Successus improborum plures allicit. (Phaedrus)
Der Erfolg der Bösen verführt andere (mehrere).

Succurrendum parti maxime laboranti. (Celsus)
Man muss dem am meisten leidenden Teil zu Hilfe kommen.

Sudore et sanguine.
Durch Schweiß und Blut.

Sufficit.
Es genügt.

Sui amans sine rivali. (Cicero)
Ein Liebhaber seiner selbst ohne Nebenbuhler. – Dieses Urteil fällte Cicero über Pompejus.

Sui cuique mores fingunt fortunam. (Nepos)
Der Charakter eines jeden Menschen schafft sein Geschick. – Das Wort ist nur eine andere Form für: Ein jeder ist seines Glückes Schmied.

Sui generis.
Eigener Art. Von besonderer Art.

Sui iuris. (Gerichtl. Ausdr.)
Von eigenem Recht; unabhängig.

Summa perfectio attingi non potest. (Cicero)
Höchste Vollkommenheit kann man nicht erreichen.

Summa potestas.
Die höchste Gewalt.

Summa sedes non capit duos. (Sprichwort)
Der höchste Sitz fasst keine zwei. – Nur einer kann bestimmen.

Summum ius summa iniuria. (Cicero)
Das größte Recht ist das größte Unrecht. – Das Wort gilt, wenn das Recht eben zu strenge und nach dem Wortlaut des Gesetzes durchgeführt wird.

Sumptus.
Die Kosten.

Sumptibus publicis.
Auf öffentliche Kosten.

Sum quod eris, fui quod es.
Ich bin, was du sein wirst; ich war, was du bist. – Wie es in dem Sterbelied von Sacer heißt: Was du jetzt bist, das war auch ich; was ich bin, musst du werden.

Sunt bona mixta malis, sunt mala mixta bonis.
Gutes ist mit Schlechtem, Schlechtes mit Gutem gemischt.

Sunt certi denique fines. (Horaz)
Es gibt schließlich gewisse Grenzen. – S. o. Est modus etc.

Sunt Iovis omnia plena. (Vergil)
Alles ist des Gottes voll; Gott ist überall.

Sunt pueri pueri, pueri puerilia tractant.
Knaben sind Knaben, Knaben treiben Knabenhaftes.

Sunt superis sua iura. (Ovid)
Die Götter haben ihr eigenes Recht. – Das Wort kann sowohl

in beschränkendem als erweiterndem Sinne gebraucht werden: »Für Höchstgestellte passt nicht, was dem gewöhnlichen Sterblichen wohl erlaubt ist«, und umgekehrt: »Der Niedrige findet Schranken, wo der Hochgestellte freie Bahn«.

Suo Marte.
Durch eigene Kraft.

Superis deorum gratus et imis.
Den oberen der Götter angenehm und den unteren.

Suppressio veri.
Unterdrückung der Wahrheit. – Indem man nur einen Teil der Sache nennt und das Übrige absichtlich verschweigt.

Surdo fabulam narras.
Einem Tauben erzählst du deine Geschichte. – Dein Reden ist umsonst.

Sursum corda. (Thren. Jerem. 3,41.)
Erhebet die Herzen.

Suscipere et finire.
Anfangen und vollenden.

Sustine et abstine. (Epiktet)
Dulde und entbehre; leide und meide.

Suum cuique.
Jedem das Seine.

Suum cuique pulchrum. (Sprichwort)
Das Seine ist für jeden schön.

Symbolum apostolicum.
Das apostolische Glaubensbekenntnis.

T

Tabula rasa.
Glatte Tafel. – Die Schreibtafeln der Alten waren mit Gips oder Wachs überzogene Brettchen, in welche das zu Schreibende mit eisernem Griffel eingeritzt wurde; das eine Ende des Griffels war glatt, um Verschriebenes durch Glätten beseitigen zu können. »Tabula rasa machen« heißt also das Geschehene beseitigen oder unberücksichtigt lassen.

Taceat mulier in ecclesia.
S. u. mulier.

Tacite.
Stillschweigend; geheim.

Taedium vitae.
Lebensüberdruss.

Talis.
Ein solcher.

Tam Marte quam Minerva. (Sprichwort)
Ebenso viel durch Mut wie durch Geist.

Tamquam ungues digitosque suos. (Sprichwort)
Wie seine Nägel und Finger. – Z. B.: Er kennt etwas (ebenso gründlich) wie …

Tandem aliquando.
Endlich einmal.

Tandem bona causa triumphat.
Endlich siegt die gute Sache.

Tanti eris aliis, quanti tibi fueris. (Cicero)
Du wirst für andere von gleichem Werte sein, wie du für dich gewesen bist.

Tantum.
So viel.

Tarde beneficere nolle est;
vel tarde velle nolentis est. (Seneca)
Langsam wohl tun heißt so viel wie nicht wollen; oder langsam wollen ist ein Zeichen, dass man nicht will.

Taurum tollet qui vitulum sustulerit. (Sprichwort)
Den Stier wird heben, wer das Kalb aufgehoben hat.

Te Deum laudamus.
Dich, Gott, loben wir. – Der Anfang des Ambrosianischen Lobgesanges; nach ihm nennt man jeden Lobgesang ein Tedeum.

Te ipsum non alens, canes alis. (Sprichwort)
Der du selbst nicht erhalten kannst, du hältst Hunde.

Temere.
Ins Blaue; auf gut Glück.

Tempora mutantur, nos et mutamur in illis. (Ovid)
Die Zeiten ändern sich und wir ändern uns mit ihnen.

Tempus edax rerum. (Horaz)
Die Zeit ist die Verzehrerin der Dinge.

Tenebris nigrescunt omnia circum.
In der Finsternis wird alles ringsum schwarz. – Bei Nacht sind alle Katzen grau.

Tene quod bene.
Halte, was gut (ist).

Tenere lupum auribus.
Den Wolf bei den Ohren halten.

Tensus arcus.
Der gespannte Bogen.

Terminus a quo.
Der Zeitpunkt, von dem an.

Terminus technicus.
Der Kunstausdruck.

Terra firma.
Festland.

Terra incognita.
Unbekanntes Land.

Terram coela miscent.
Sie vermengen Erde und Himmel miteinander.

Terror.
Der Schreck.

Tertium comparationis.
Das Dritte einer Vergleichung. – Das, welches die Ähnlichkeit der beiden anderen Teile bietet.

Tertium non datur.
Ein Drittes gibt es nicht.

Tertius gaudens.
Der vergnügte Dritte. – Wenn nämlich zwei sich streiten, freut sich der Dritte.

Testimonium paupertatis.
Armutszeugnis.

Testis unus, testis nullus.
Ein Zeuge, kein Zeuge.

Thus aulicum. (Sprichwort)
Hofweihrauch. – Lob, das wertlos ist, wie die Schmeichelei eines Höflings.

Timeo Danaos et dona ferentes. (Vergil)
Ich fürchte die Danaer, auch wenn sie Geschenke bringen. – Sagt Laokoon von den Griechen, als das hölzerne Pferd in die Stadt gebracht werden soll. S. o. Quidquid id est etc.

Timidi mater non flet.
Des Furchtsamen Mutter weint nicht. – Denn er wird sich schon in Sicherheit bringen.

Toga praetexta.
Die mit einem Purpurstreifen versehene Toga. Diesen Mantel trugen die höheren obrigkeitlichen Personen in Rom und die freigeborenen Knaben bis zum 17. Lebensjahr. Dann legten sie an:

Toga virilis.
Das Manneskleid.

Tollenti onus auxiliare, deponenti nequaquam. (Sprichwort)
Hilf dem, der die Last aufhebt, nicht dem, der sie niederlegt.

Tot capita, tot sensus. (Terenz)
So viel Köpfe, so viel Sinne.

Trahit sua quemque voluptas.
Einen jeden leitet sein Vergnügen.

Tranquillas etiam naufragus horret aquas. (Ovid)
Auch die ruhigen Gewässer fürchtet der Schiffbrüchige. – Wie der Franzose sagt: Chat échaudé craint l'eau froide.

Tres faciunt collegium.
Drei bilden ein Kollegium.

Triennium.
Zeitraum von drei Jahren.

Trifolium.
Dreiblatt.

Troia fuit. (Lucan)
Troja ist gewesen. – D. h. es ist dahin.

Tua res agitur. (Horaz)
Deine Sache wird verhandelt. – Also bekümmere dich darum. Weiter heißt es bei Horaz: paries cum proximus ardet – wenn die benachbarte Wand brennt.

Tu es ille vir! (1. Sam. 12, 7.)
Du bist der (jener) Mann!

Tulit alter honores.
Ein anderer trug die Ehren davon.

Tu ne cede malis, sed contra ardentior ito.
Du gib nicht den Leiden nach, sondern gehe kühn ihnen entgegen.

Tunica pallio proprior est. (Sprichwort)
Das Hemd ist (mir) näher als der Mantel (Rock).

Turdus ipse sibi malum cacat. (Sprichwort)
Die Drossel macht ihr eigenes Unglück. – Aus den Exkremen-

ten des Vogels soll der Vogelleim hergestellt worden sein, mit dem man Vögel fing.

Turpe est aliud loqui, aliud sentire. (SENECA)
Schimpflich (Schmählich) ist es, anders zu sprechen, als man denkt.

Turpe est laudari ab illaudatis.
Schimpflich ist's von solchen gelobt zu werden, die nicht gelobt werden. – Also: Das Lob der Schlechten ist Schimpf.

Turpe est sanctum dare capellis.
Schmählich ist's, Heiliges den Ziegen zu geben. – Wir nehmen da bekanntlich Perlen und Säue.

Turpis avis, proprium qui foedat stercore nidum.
Ein hässlicher Vogel, der sein eigenes Nest beschmutzt.

Turtura loquacior. (SPRICHWORT)
Geschwätziger als eine Turteltaube. – Uns passt die Elster besser.

Tutum silentii praemium.
Sicher ist des Schweigens Lohn. – Es ist ja bekanntlich Gold.

Tuum tibi narro somnium. (SPRICHWORT)
Deinen Traum erzähle ich dir. – So sagen wir zu dem, der bei Besprechung unserer Angelegenheiten dieselben besser kennen will, als wir selbst.

U

Ubi amici, ibi opes. (Sprichwort)
Wo Freunde, da Schätze. – Es müssen das dann allerdings wahre Freunde sein, von denen wir sagen: Freunde in der Not gehen zehn auf ein Lot, und so sie sollen behilflich sein, gehen zehne auf ein Quentelein.

Ubi bene, ibi patria. (Sprichwort)
Wo es gut ist, ist mein Vaterland.

Ubicumque ars ostentatur, veritas abesse videtur.
Wo sich die Kunst zeigt, scheint die Wahrheit zu fehlen.

Ubi erit victoriae spes?
Wo bleibt die Hoffnung auf Sieg?

Ubi mel, ibi apes. (Plautus)
Wo Honig ist, da sind Bienen.

Ubi mens plurima, ibi minima fortuna. (Sprichwort)
Wo am meisten Verstand, da am wenigsten Glück. – Das Gegenteil von unserem: Die dümmsten Bauern bauen die größten Kartoffeln.

Ubi nihil est, Caesar iure suo excidit.
Wo nichts ist, fällt der Kaiser aus seinem Recht (hat der Kaiser sein Recht verloren.)

Ubi opes, ibi amici.
Wo Geld, da Freunde. – S. o. Ubi amici etc.

Ultima ratio regum.
Das letzte Mittel der Könige. – Auf Befehl Ludwigs XIV. erhielten französiche Kanonen diese Inschrift.

Ultima thule. (Vergil)
Das fernste Thule. – Der äußerste Ort (Insel) der den Römern bekannten Erde.

Ultimum movens.
Der letzte Beweggrund.

Ultimum refugium.
Die letzte Zuflucht.

Ultimus ultimorum.
Der Letzte der Letzten.

Ultra posse nemo obligatur.
Über das Können hinaus ist niemand verpflichtet.

Ultra vires nihil aggrediendum. (Sprichwort)
Über die Kräfte hinaus muss man nichts unternehmen.

Ululas Athenas portas. (Sprichwort)
Du trägst Eulen nach Athen. – Siehe Anhang: Eulen etc.

Umbra pro corpore. (Sprichwort)
Der Schatten für den Körper.

Una domus non alit duos canes. (Sprichwort)
Ein Haus ernährt nicht zwei Hunde.

Una salus victis, nullam sperare salutem. (Vergil)
Eine Rettung bleibt den Besiegten: auf keine Rettung zu hoffen. – Dann wird nämlich der Mut der Verzweifelung sie vielleicht retten.

Una voce.
Mit einer Stimme; einstimmig.

Unde habeas, quaerit nemo; sed oportet habere. (Juvenal)
Woher du hast, fragt niemand; aber haben musst du.

Ungentem pungit, pungentem rusticus ungit. (Sprichwort)
Den Salbenden sticht der Bauer, den Stechenden salbt er. – Der gemeine Mensch ist nur freundlich gegen den, der ihn tritt, wenn er es nicht ist.

Unguibus et rostro. (Sprichwort)
Mit Krallen und Schnabel. – Aus allen Kräften. Mit Nägeln und Zähnen.

Uni navi ne committas omnia. (Sprichwort)
Vertraue nicht alles einem Schiffe an.

Unico digitulo scalpit caput. (Sprichwort)
Mit einem einzigen Fingerchen kratzt er sich den Kopf. – Das war das Zeichen eines Gecken (Gigerl) zu Athen und Rom.

Unio mystica.
Geheimnisvolle Vereinigung.

Unius dementia dementes efficit multos.
Eines Narrheit macht viele Narren. – Ein Narr macht viele.

Universitas literarum.
Gesamtheit der Wissenschaften. – So sind denn auch die Anstalten genannt worden, wo diese gelehrt wurde, die Universitäten.

Unus pro multis.
Einer für viele.

Unus vir nullus vir. (Sprichwort)
Ein Mann, kein Mann.

Unus quisque abundat sensu suo.
Ein jeder ist groß in seinem Sinne.

Urbem lateritiam invenit, marmoream reliquit. (Sueton)
Eine Ziegelstadt fand er, eine Marmorstadt hinterließ er. – So sagte Augustus von sich.

Urbem venalem et mature perituram, si emtorem invenerit! (Sallust)
Der käuflichen und dem Untergange verfallenen Stadt, wenn sie einen Käufer gefunden hat! – Die Worte des Jugurtha, als er, frei durch Bestechungen, Rom verließ.

Urbi et orbi.
Der Stadt und dem Erdkreise (etwas verkünden). – Er bläst es in alle Welt.

Urit mature urtica vera. (Sprichwort)
Früh brennt die wahre Nessel. – Was ein Häkchen werden will, krümmt sich beizeiten. Tell sagt: Früh übt sich, was ein Meister werden will.

Usque ad aras.
Bis zu den Altären. – Bis aufs Äußerste.

Usque ad finem.
Bis zum Ende.

Usque ad nauseam.
Bis zum Erbrechen.

Usus est tyrannus.
Gewohnheit ist ein Tyrann.

Usus promptum facit.

Der Gebrauch macht fertig. – Übung macht den Meister.

Ut aliquid fecisse videatur.

Dass er etwas getan zu haben scheine.

Ut aliquid fiat.

Dass etwas geschehe.

Ut canis e Nilo. (SPRICHWORT)

Wie der Hund (der) aus dem Nil (läuft). – Derselbe läuft nämlich alsbald davon, weil er fürchtet, dass ein Krokodil sich auf ihn stürzen könnte.

Ut desint vires, tamen est laudanda voluntas. (OVID)

Wenn auch die Kräfte fehlen, so ist doch der Wille zu loben.

Utendum est aetate; cito pede labitur aetas. (OVID)

Man muss die Zeit nützen; mit schnellen Schritten eilt die Zeit dahin.

Uterque bonus belli pacisque minister.

Beider, des Krieges und des Friedens guter Diener. – Er ist in allen Sätteln gerecht.

Uti possidetis.

Wie ihr besitzet. – Der augenblickliche (zeitweilige) Besitzstand.

Utile dulci.

Das Nützliche mit dem Angenehmen.

Ut infra.

Wie unten. – Gegenteil von dem folgenden Ut supra.

Ut lupus ovem amat. (SPRICHWORT)

Wie der Wolf das Schaf liebt.

Ut metus ad omnes, poena ad paucos perveniret. (Rechtsgrundsatz)
Damit alle Furcht bekämen, die Strafe wenige träfe. – In diesem Sinne will die Abschreckungstheorie die Gesetzesbestimmungen haben.

Ut otium in utile verterem negotium.
Damit ich meine Muße in nützliche Tätigkeit verkehre.

Ut populus, sic sacerdos. (Sprichwort)
Wie das Volk, so der Priester.

Ut rei servire, suave est! (Plautus)
Wie süß ist's, der Sache zu dienen! – D. h. etwas zu tun, was etwas einbringt.

Ut saepe summa ingenia in occulto latent! (Plautus)
Wie oft sind die größten Geister verborgen! – Das ist die Geschichte von dem verkannten Genie.

Ut sementem feceris, ita et metes. (Cicero)
Wie du säest, so wirst du ernten.

Ut sis nocte levis, sit tibi coena brevis.
Dass die Nacht dir werde süß, wenig Abendbrot genieß'. – S. o. Ex magna etc.

Ut solent poetae.
Wie die Dichter pflegen.

Ut solet accipiter trepidas agitare columbas. (Ovid)
Wie der Habicht die zitternden Tauben zu jagen pflegt.

Ut spectent, veniunt, veniunt, spectentur ut ipsae.
Dass sie sehen kommen sie, sie kommen, dass sie auch selbst gesehen werden. – So machten's einst schon die Sabinerin-

nen, so sollen es auch noch unsre Damen machen, wenn sie in irgendeine öffentliche Versammlung, selbst zur Kirche, gehen. S. o. Spectatum etc.

Ut sunt humana, nihil est perpetuum. (Plautus)
Wie die menschlichen Dinge sind, ist nichts von Dauer.

Ut supra.
Wie oben.

Ut tute es, item omnes censes esse. (Plautus)
Wie du selbst bist, so, meinst du, seien alle.

Uxorem fato credat obesse suo. (Ovid)
Er mag glauben, dass seine Frau seinem Glücke im Wege steht.

Uxorem malam obolo non emerem.
Nicht für einen Pfennig möchte ich mir eine schlechte Frau kaufen.

Uxori nubere nolo meae. (Martial)
Meine Frau will ich nicht zum Mann nehmen. – Nubere heißt zwar »heiraten«, es wird aber nur das Heiraten von seiten der Frau damit bezeichnet.

V

Vacant.
Sie fehlen.

Vacare culpa magnum est solatium. (Cicero)
Frei von Schuld sein, ist ein großer Trost.

Vacat.
Es fehlt.

Vade in pace.
Ziehe in Frieden.

Vade mecum.
Zieh' mit mir. – Man nennt so wohl ein Buch, das man als Wegweiser bei sich trägt; auch wohl eine Abhandlung, die diesem oder jenem besondere Belehrung erteilt. Bekannt ist ja das Vademecum Lessings für den Herrn Pastor Lange.

Vae victis!
Wehe den Besiegten! – Angeblich das Wort des Brennus, als er beim Wägen der Lösungssumme, gegen welche er eingewilligt hatte, von Rom abzuziehen, zu dem bedungenen Gewichte auch noch sein Schwert auf die Wagschale warf.

Valeat quantum valere potest.
Gelte es, so viel es gelten kann.

Valere malo quam dives esse. (Cicero)
Ich will lieber etwas wert sein, als reich sein.

Valet ancora virtus.
Die Tugend gilt einem Anker gleich.

Vanitas vanitatum.
Die Eitelkeit der Eitelkeiten. – D. h. die höchste Eitelkeit.

Vare, redde legiones!
Varus, gib mir meine Legionen wieder! – So rief der Kaiser Augustus aus, als er die Meldung von der Niederlage seines Heeres im Teutoburger Walde erhielt.

Variatio delectat.
Abwechslung macht Vergnügen.

Varium et mutabile semper femina. (Vergil)
Die Frau ist etwas Wechselndes und immer Veränderliches.

Vectigalia nervi sunt rei publicae. (Cicero)
Steuern sind die Nerven des Staates.

Vel caeco appareat. (Sprichwort)
Selbst einem Blinden möchte das einleuchten.

Vel capillus habet umbram suam. (Publius Syrus)
Auch ein Haar hat seinen Schatten.

Velim, ut velles. (Plautus)
Ich möchte wollen, damit du wollest.

Velis et remis.
Mit Segeln und Rudern.

Velle licet, potiri non licet.
Wollen ist erlaubt, besitzen nicht. – Alles besehen, aber nichts anfassen.

Velle non discitur.
Das Wollen lernt man nicht. – Es muss dem Menschen eben angeboren sein.

Velocem tardus assequitur. (Sprichwort)
Den Schnellen holt der Langsame ein. – Eile mit Weile.

Veluti in speculum.
Wie in einen Spiegel.

Velut inter ignes luna minores. (Horaz)
Wie der Mond unter den kleineren Lichtern.

Venalis populus, venalis curia patrum.
Käuflich das Volk, käuflich die Curie der Väter (der Senat).

Venenum in auro bibitur. (Seneca)
Gift trinkt man aus Gold. – Deshalb mögen sich die trösten, welche nicht aus Gold trinken.

Venerari parentes liberos decet.
Die Eltern zu ehren, ziemt den Kindern.

Venia docendi, legendi.
Die Erlaubnis zu lehren, zu lesen. – D. i. Vorlesungen zu halten.

Veni, Creator Spiritus!
Komme, Schöpfer, Geist! – Die letzten beiden Anrufungen des heiligen Geistes finden sich lateinisch in Gesängen der katholischen, deutsch in Gesängen der protestantischen Kirche.

Veni, vidi, vici!
Ich kam, ich sah, ich siegte! – So lautete die kurze Anzeige, mit der Cäsar dem Senate seinen Sieg über den Pharnaces meldete.

Venter non habet aures. (Sprichwort)
Der Bauch hat keine Ohren.

Ventis secundis.
Mit günstigen Winden.

Ventum ad supremum est.
Man ist bis zum Äußersten gekommen.

Venus vulgivaga.
Die umherschweifende Venus, die ländliche Liebesgöttin: die Dirne.

Vera incessu patuit dea. (Vergil)
Im Gange offenbarte sich die wahre Göttin.

Vera redit facies, dissimulata perit. (Petronius Arbiter)
Das wahre Aussehen kehrt zurück, das erheuchelte schwindet.

Verba dat omnis amans.
Jeder Liebhaber gibt (schöne) Worte.

Verba fides sequitur. (Ovid)
Den Worten folgt die Sache (Tat).

Verba ligant homines, taurorum cornua funes.
Worte binden die Menschen, die Hörner der Rinder nur Stricke.

Verbatim et literatim.
Wörtlich und buchstäblich. – Mittelalterliches Latein für: ad verbum et ad literam.

Verba volant, scripta manent.
Worte verfliegen, Geschriebenes bleibt.

Verbis simus faciles!
Mit Worten lasst uns willfährig sein! – So sagt von Einem, der stets mit Versprechungen bei der Hand ist, aber den Worten nie die Tat folgen lässt.

Verbo tenus.
Gewöhnlich ausgesprochen verbotenus. Wörtlich: Bis aufs Wort.

Verborum paupertas, imo egestas. (Seneca)
Der Worte Armut, ja Dürftigkeit.

Verbum sat sapienti. (Sprichwort)
Ein Wort genügt dem Weisen.

Vere calor redit ossibus. (Vergil)
Im Frühling kehrt Wärme in die Knochen zurück.

Verecundari neminem apud mensam decet. (Plautus)
Bei Tische ziemt sich's, niemanden zu scheuen.

Verecundia inutilis viro egenti. (Sprichwort)
Bescheidenheit ist für einen dürftigen Mann unnötig.

Verecundia mulierem ornat, non color fucatus.
Schamhaftigkeit, nicht Schminke, schmückt ein Weib.

Veritas nihil veretur, nisi abscondi.
Die Wahrheit fürchtet allein, dass sie verborgen gehalten wird.

Veritas odium parit.
Wahrheit erzeugt Hass.

Veritas sermo est simplex. (Ammianus)
Die Wahrheit ist eine einfache Rede.

Veritas vincit. (Rechtsgrundsatz)
Die Wahrheit siegt.

Veritatis simplex oratio est. (Seneca)
Die Sprache der Wahrhaftigkeit ist einfach.

Versate diu, quid ferre recusent, quid valeant humeri.
Erwäget lange, was die Schultern tragen können und was nicht.

Vertatur.
Man wende um.

Verte.
Wende um.

Verus amicus est is, qui est tanquam alter idem. (Cicero)
Ein wahrer Freund ist derjenige, der gleichsam ein anderes Ich ist.

Vestibulum domus ornamentum est. (Sprichwort)
Der Flur ist der Schmuck des Hauses.

Vestigia terrent. (Horaz)
Die Spuren schrecken ab. – Der Fuchs sagt es von den Spuren, die zur Höhle des Löwen führen; keine führt zurück.

Vetantis potestas maior.
Die höhere Gewalt des Verbietenden.

Vetera quae nunc sunt, fuerunt olim nova.
Was jetzt alt ist, war einst neu.

Veto.
Ich verbiete (es). – Das Recht, mit diesem Worte die Ausführung von Gesetzen, welche durch die sonstigen gesetzgebenden Faktoren beschlossen sind, zu verhindern.

Vetustas pro lege semper habetur.
Das Alter hält man immer für Gesetz.

Via crucis via lucis. (Mittelalterlicher Grundsatz)
Der Weg des Kreuzes ist der Weg des Lichtes.

Viaticum.
Reisegeld, Abschiedsschmaus. – Überhaupt das, was man mit auf die Reise bekommt, daher wird auch das Abendmahl, welches ein Sterbender bekommt, so genannt.

Via trita est tutissima (via tuta).
Der betretene Weg ist der sicherste.

Vice versa.
Umgekehrt.

Victoria pax, non pactione, parienda est. (Cicero)
Durch Sieg ist der Friede, nicht durch Vertrag zu erwerben.

Victrix causa diis placuit, sed victa Catoni. (Lucan)
Die siegreiche Sache gefiel den Göttern, aber die besiegte dem Cato.

Victrix fortunae sapientia. (Juvenal)
Die Siegerin über das Schicksal ist die Weisheit.

Videant consules, ne quid detrimenti res publica capiat.
Sehen die Konsulen zu, dass der Staat keinen Schaden nehme. – Mit dieser Formel machte der römische Senat die Konsulen für Vorgänge in öffentlichen Leben verantwortlich und übertrug ihnen damit zugleich unumschränkte Oberhoheit.

Vide licet.
Auch geschrieben: Videlicet. Mögest du sehen. Nämlich.

Video meliora proboque, deteriora sequor. (Ovid)

Ich sehe das Bessere und billige es, das Schlechtere befolge ich. – Ovid lässt diese Worte die Medea sagen, als sie ihre Liebe zu Jason erkennt. Merkwürdig ist die Übereinstimmung dieser Stelle (Metam. 7,20 und 21) mit Röm. 7,19: Das Gute, das will ich, das tue ich nicht; sondern das Böse, das ich nicht will, das tue ich.

Videte, quaeso, quid potest pecunia. (Plautus)

Sehet, bitte, was das Geld vermag.

Vigilate, et orate!

Wachet und betet!

Vile donum, vilis gratia. (Sprichwort)

Geringe Gabe, geringer Dank.

Vilis saepe cadus nobile nectar habet. (Sprichwort)

Ein gewöhnliches Fass enthält oft den edlen Nektar. – Der Schein trügt.

Vilius argentum est auro, virtutibus aurum. (Horaz)

Geringer als Gold ist das Silber, als die Tugend das Gold.

Vim vi repellere omnia iura clamant.

Gewalt mit Gewalt zu vertreiben, heischt jedes Recht.

Vince animos iramque tuam, qui cetera vincis. (Ovid)

Besiege deine Erregung und deinen Zorn, du, der du das Übrige besiegst.

Vincit omnia veritas.

Alles besiegt die Wahrheit.

Vincula da linguae, vel tibi vincula dabit.

Lege deiner Zunge Fessel an, oder sie wird dir Fessel anlegen.

Vino diffugiunt mordaces curae.
Durch den Wein fliehen die nagenden Sorgen auseinander.

Vinum bonum laetificat cor hominis.
Guter Wein erfreut des Menschen Herz. – In den Psalmen (104, 15) ist es der Wein schlechtweg; nach Sirach (31, 33 und 34) labt der mäßige Genuss des Weines.

Vinum lac senum.
Der Wein ist die Milch der Greise.

Vir bonus, dicendi peritus.
Ein guter, im Reden erfahrener Mann.

Viresque acquirit eundo. (VERGIL)
Und durch Gehen erlangt es Kräfte. – Das Gerücht nämlich, meint der Dichter, nimmt an Umfang zu, je weiter es sich verbreitet.

Virgo intacta.
Eine unberührte Jungfrau.

Viribus unitis.
Mit vereinten Kräften. – Devise der Habsburger.

Viri infelicis procul amici. (SENECA)
Die Freunde des unglücklichen Mannes sind ferne.

Viris fortibus non opus est moenibus.
Tapfere Männer bedürfen keiner Mauern.

Virtus hominem iungit deo. (CICERO)
Die Tugend verbindet den Menschen mit Gott.

Virtus post nummos. (HORAZ)
Die Tugend (gilt erst) hinter dem Golde. – S. o. cives etc.

Virtus sola nobilitat.
Die Tugend allein adelt. – Schiller meinte freilich nur: Adel ist *auch* in der sittlichen Welt.

Virtus vincit invidiam.
Die Tugend besiegt den Neid.

Virtute, non astutia.
Durch Tapferkeit, nicht durch List.

Virtute quies.
In der Tugend ist Ruhe.

Virtutes paganorum splendida vitia.
Die Tugenden der Heiden sind glänzende Laster. – Der Satz wird fälschlicherweise dem Augustin zugeschrieben. S. o. Omnia opera etc.

Virtuti et merito.
Der Tugend und dem Verdienste. – Devise des spanischen Karlsordens.

Virtuti in bello.
Für Tapferkeit im Kriege. – Devise des sächsischen Heinrichsordens.

Virtuti, non armis fido.
Der Tapferkeit, nicht den Waffen vertraue ich.

Virtutum omnium fundamentum pietas.
Aller Tugenden Grundlage ist die Frömmigkeit.

Virum improbum vel mus mordeat. (Sprichwort)
Einen gottlosen Mann mag selbst eine Maus beißen (erschrecken).

Vis comica.
Die komische Macht. – D. h. die Macht der Komik.

Vis consili expers mole ruit sua. (Horaz)
Die Macht, welche der Überlegung entbehrt, stürzt durch ihr eigenes Gewicht.

Vis inertiae.
Die Macht der Trägheit. – Das Trägheitsgesetz oder Beharrungsvermögen.

Vis maior.
Höhere Gewalt.

Vita brevis, ars longa.
Das Leben ist zu kurz, die Kunst ist lang.

Vitae via virtus.
Des Lebens Weg ist die Tugend.

Vitam regit fortuna, non sapientia. (Cicero)
Das Leben regiert das Glück, nicht die Weisheit.

Vitia nobis sub virtutum nomine obrepunt. (Seneca)
Die Laster beschleichen uns unter dem Namen von Tugenden.

Vitium fuit, nunc mos est assentatio.
Ein Fehler war es, jetzt ist es eine Sitte, die Schmeichelei.

Viva voce.
Mit lebender Stimme. Mündlich.

Vivat, floreat, crescat!
Es lebe, es blühe, es wachse!

Vivat rex, vivat regina!
Es lebe der König, es lebe die Königin!

Vivat sequens!
Es lebe der Folgende!

Vive valeque!
Lebe und sei glücklich!

Vivere est militare.
Leben heißt kämpfen. – So meinte schon Seneca seinem Freunde Lucilius gegenüber.

Vivit post funera virtus.
Es lebt nach der Bestattung die Tugend. – Die Tugend überdauert den Tod.

Vivos voco, mortuos plango, fulgura frango.
Die Lebenden rufe ich, die Toten beklage ich, die Blitze breche ich. – Inschrift auf einer Kirchenglocke, die Schiller zum Motto seines Liedes von der Glocke genommen hat.

Vix ea nostra voco. (Ovid)
Kaum nenne ich dies das unserige.

Volenti non fit iniuria. (Rechtsgrundsatz)
Dem Wollenden geschieht kein Unrecht. – Dem, der einwilligt, dass ihm das oder jenes zugefügt wird, geschieht kein Unrecht, er hat kein Recht, sich zu beklagen.

Volo, non valeo.
Ich will, aber ich kann nicht.

Voluptatem maeror sequitur.
Dem Vergnügen folgt die Trauer. – Der Katzenjammer wird nicht ausbleiben.

Votum.
Wunsch. – Dann auch die bei einer Abstimmung abgegebene Stimme.

Vox clamantis in deserto. (Ev. Joh.)
Die Stimme eines Rufenden in der Wüste. – Luther hat übersetzt: Die Stimme eines Prediger in der Wüste.

Vox et praeterea nihil.
Eine Stimme und außerdem nichts. – Leerer Schall. Die Botschaft hör' ich wohl; allein mir fehlt der Glaube.

Vox faucibus haesit. (Vergil)
Die Stimme haftete im Schlund. – Das Wort blieb mir in der Kehle.

Vox populi vox dei.
Des Volkes Stimme ist Gottes Stimme. – Ein Grundsatz, der dem vom »göttlichen Recht der Könige« gegenüber aufgestellt wird.

Vulgare amici nomen, sed rara est fides. (Phaedrus)
Gemein ist der Name des Freundes, doch selten die Treue.

Vulgata.
Die Kundgemachte. – D.i. der kath. Kirche allgemein als gültig anerkannte und gebrauchte lateinische Übersetzung der Bibel.

Vulgo.
Insgemein.

Vulpes non iterum capitur laqueo.
Der Fuchs lässt sich nicht zum zweiten Male in der Schlinge fangen.

Vultus est index animi. (Sprichwort)

Die Miene ist der Zeiger der Seele. – Die Miene ist das Kennzeichen des Geistes.

Anhang

A

Abderiten wurden die Bewohner der Stadt Abdera in Thrakien genannt. Sie stehen im späteren Altertum in einem ähnlichen Rufe, wie bei uns die Schildbürger u.a. Sehr eingehend schildert sie Wieland in seinem Roman »Geschichte der Abderiten«.

Achilles-Ferse. Nach der späteren Sage war Achilles unverwundbar mit Ausnahme der einen Ferse. Thetis nämlich, die Mutter des Achilles, hatte die Unverwundbarkeit dadurch bewirkt, dass sie den kleinen Achilles in den Styx tauchte. Hierbei hielt sie das Kind an der Ferse, sodass diese nicht mit gebadet wurde. An dieser wurde denn auch Achilles durch Paris verwundet und starb an dieser Wunde. So nennt man denn die besonders hervortretende Schwäche eines Menschen – sei es am Körper, sei es im Charakter – seine Achillesferse.

Adonis hieß ein schöner von Aphrodite (Venus) geliebter Jüngling, den die Göttin als Knaben der Persephone (Proserpina), der Göttin der Unterwelt, zur Sorge anvertraut hatte. Als Aphrodite ihren Schützling zurückforderte, wollte Persephone denselben nicht von sich lassen, weil sie selbst Neigung zu ihm gefasst hatte. Zeus entschied nun, dass Adonis ein Drittel des Jahres bei Persephone, ein Drittel bei Aphrodite weilen solle, über das letzte Drittel aber frei entscheiden könne. Adonis wählte nun auch für diese Zeit die Gesellschaft der Aphrodite. Man nennt gegenwärtig wohl einen Menschen, den man als schön bezeichnen will, einen Adonis.

Adytum. Der nur Priestern zugängliche geheime Raum eines Tempels, aus dem auch die etwaigen Orakelsprüche erteilt wurden.

Aerarium (Ärar), der Staatsschatz, in den die regelmäßigen Abgaben bei den Römern flossen. Wir nennen heute die Staatskasse wohl so.

Aesculapius, der Gott der Heilkunde bei den Römern. Man bezeichnet daher heute einen Arzt wohl als Jünger des Äskulap oder auch kurzweg als Äskulap.

Agitator, der Wagenlenker beim Wettrennen in den Zirkusspielen. Heute dient das Wort zur Bezeichnung eines politischen Vorkämpfers, meistens sogar Wühlers.

Aigis (Ägis), der Schild des Zeus. Wenn der Wolkenversammler mit der Rechten die Blitze schleudert, so schüttelt er mit der Linken den von Hephästus (Vulkan) angefertigten Schild. »Drauf ist Streit, drauf Stärke und drauf die starre Verfolgung, drauf das gorgonische Haupt des entsetzlichen Ungeheuers.« So schildert Homer diesen Schild, nach dem der Vater der Götter und Menschen auch wohl Aegishalter genannt wird. Merkwürdig ist es, dass Zeus diesen Schild zuweilen seinen Lieblingskindern Apoll und Athene leiht, damit sie sich und andre schützen.

Album, eine weiße mit Gips überzogene Tafel, welche beschrieben und öffentlich ausgestellt ward. Auf solchen Tafeln wurden die Edikte der verschiedenen hohen Beamten, die Verzeichnisse der Senatoren veröffentlicht. Heute bezeichnet man mit diesem Worte das, was man früher Stammbuch nannte.

Annales, Jahrbücher. Diese waren in Rom anfänglich von den Priestern angelegt und enthielten das Verzeichnis bemerkenswerter Ereignisse.

Anthologia, Blumenlese; Sammlung kleinerer Gedichte.

Antinous war ein schöner Jüngling, ein Liebling des Kaisers Hadrian, den er auf seinen Reisen begleitete. Als Antinous im Nil ertrank, ließ der Kaiser ihn unter die Heroen versetzen. Neben vielen anderen Ehren wurde ihm auch die zuteil, auf Münzen und Gemmen, in Statuen und Büsten abgebildet zu werden, sodass wir noch heute seinen schönen Kopf bewundern können. Bekannter als dieser ist übrigens der Antinous, welcher sich unter den Freiern der Penelope als der frechste hervortut und von Odysseus zuerst getötet wird.

Äpfel der Hesperiden. S. Hesperiden.

Apollo, der Gott des Heils und der Ordnung, der Schirmer alles Guten und Schönen, daher auch der Gott der Künste und Wissenschaften. Die bildende Kunst stellte Apollo als schönen kräftigen Jüngling dar, woher man auch wohl einem Menschen gelegentlich diesen Namen gibt.

Argus-Augen. Argos war nach der griech. Sage ein starker Mann, der am ganzen Körper Augen hatte. Er wurde von Hera (Juno) der in eine Kuh verwandelten Jo, auf welche jene eifersüchtig war, zum Wächter gesetzt. Hermes (Merkur) erschlug ihn, und Hera versetzte seine Augen auf den Schwanz des Pfaus.

Ariadne-Faden. Ariadne war die Tochter des Königs Minos auf Kreta. Als Theseus hierher mit den zum Opfer für den Minotaur bestimmten Jünglingen und Jungfrauen gekommen war, gab Ariadne ihm, bevor er in das Labyrinth, die an Irrgängen so reiche Wohnung des Minotaur, ging, einen Faden, damit er sich an diesem wieder aus den Irrgängen herausfinden könne. Theseus entfloh dann, nachdem er den Minotaur glücklich erschlagen hatte, mit der Ariadne von Kreta. Auf Naxos aber, wo sie unterwegs einkehrten, kam sie ihm abhanden und wurde Gemahlin des Dionysos (Bacchus).

Arrha (Arra), das bei Kauf und dergleichen geschäftlichen Verträgen gegebene Angeld, wodurch die Verbindlichkeit bewiesen wurde.

Attisches Salz. Dieses war besonders fein und gut. Da nun aber die Athener sich durch Geist und Witz auszeichneten und im Lateinischen das Wort sal (Salz) auch zugleich Witz und Geist bedeutet, so bezeichnete man mit dem obigen Ausdruck den Geist und Witz, der eine Schrift würzt.

Augias-Stall. Augias war König in Elis und sehr reich an Herden. Herkules erhielt den Auftrag, den Hof, nach gewöhnlicher Rede den Stall, desselben in einem Tag vom Miste zu reinigen. Der Held vollbrachte dies, indem er zwei Flüsse, Alpheios und Peneios, durch den Hof leitete. Wer heute etwa in seinem Amte mit altem Schlendrian und Missbräuchen zu kämpfen hat, von dem sagt man, dass er diese siebente Arbeit des Herkules zu vollbringen hat, einen Augiasstall zu reinigen.

B

Basilisken-Blick. Bei dem römischen Naturforscher Plinius tritt der Basilisk, welcher eigentlich eine harmlose, aber ziemlich große Eidechse ist, als ungeheure Schlange auf, deren Blick tötet. Die Morgenländer und Schriftsteller des Mittelalters haben weiter gefabelt.

Böotier. Die Bewohner Böotiens, einer Landschaft Griechenlands, galten den benachbarten spottsüchtigen Athenern für gute ehrliche, aber gefräßige und stumpfsinnige Menschen.

Boreas, der Nordostwind, der über das gebirgige Thrakien nach Hellas wehte. Die griechische Mythologie hatte ihn personifiziert und gab ihm Eltern sowohl wie Kinder.

C

Cäsaren-Wahnsinn. Mit Cäsar wurden ursprünglich auch alle die dem Hause des Cäsar angehörigen Prinzen bezeichnet. Später legten sich die Imperatoren wohl diesen Titel bei, um sich dem Volke gegenüber damit den Schein des Rechtes auf ihre Macht zu geben. Schon in Cäsars Hause aber – oder vielmehr in dem seiner adoptierten Nachkommen – und späterhin bei manchem anderen Cäsar nahm die Vorstellung von dieser Macht einen krankhaften Charakter an. Da hielten dann die Cäsaren sich nicht mehr für Menschen, sondern für Götter, und demgemäß werden dann auch ihre Taten zwar nicht göttlich, aber unmenschlich.

Capitolinische Gänse. Als die Gallier um das Jahr 400 v. Chr. die Stadt Rom eingenommen hatten, und sich nur die Festung – das Capitol – verteidigte, da versuchten sie einmal in der Nacht die Festung zu überrumpeln. Die am Felsenhang hinaufkletternden Feinde wurden aber von den der Juno geweihten Gänsen gehört, die dort oben am Tempel der Göttin gehalten wurden. Diese wurden nun unruhig, begannen zu schnattern und weckten so noch zur rechten Zeit die Verteidiger.

Castor und Pollux. Siehe Dioskuren.

Catilinarische Existenz nennt man das Dasein eines Menschen, der nichts zu verlieren hat und deshalb durch Unruhen und Umwälzungen eine Besserung seiner Verhältnisse herbeizuführen sucht. Das Urbild einer solchen Existenz war Catilina, der Zeitgenosse Ciceros.

Caudinisches Joch. In den Engpässen unweit der samnitischen Stadt Caudium erlitten die Römer eine schmachvolle Niederlage, denn ihr ganzes Heer wurde daselbst von den Samniten eingeschlossen. Zwar erhielt es die Freiheit, musste aber zuvor Mann für Mann durch ein aus Speeren gebildetes Joch kriechen.

Eine demütigende Friedensbedingung nennt man gegenwärtig wohl ein caudinisches Joch.

Cerberus, ein vielköpfiger, furchtbar wilder Hund, der an dem Tore der Unterwelt Wache hielt, nach späterer Vorstellung mit drei Köpfen, Schlangenschweif und Schlangenmähnen. Die Kommenden ließ er ruhig eingehen, aber niemand ließ er zurück. Einen übereifrigen groben Wächter bezeichnet man daher wohl als Cerberus.

Cerevis. Cerevisia war ein gallisches aus Gerste und Weizen gekochtes Getränk, das die Römer verachteten, bei den Germanen aber gleichfalls beliebt war. Es ist jedenfalls der Vorfahr unseres Bieres, das allgemein lateinisch mit cerevisia bezeichnet wird. Die Studenten haben denn auch die kleine Mütze, welche sie ursprünglich nur bei Biergelagen schmückte, Cerevis genannt.

Charon war nach griechischer Vorstellung der schmutzige, greise Fährmann der Unterwelt, der die Schatten der beerdigten Toten über den Grenzfluss der Unterwelt setzte. Als Fährgeld wurde den Gestorbenen ein Obolus in den Mund gelegt, den sie dann bei der Überfahrt zu entrichten hatten.

D

Damokles-Schwert. Damokles war ein Günstling des älteren Tyrannen Dionys zu Syrakus. Da er einst das Glück seines Gönners pries, machte dieser ihm seine Lage klar, indem er ihn an einem reich besetzten Tische sitzen ließ, zugleich aber über seinem Haupte ein scharf geschliffenes Schwert an einem dünnen Haare befestigte.

Danaergeschenk. Danaer, womit eigentlich nur die in Argos wohnenden Griechen zu bezeichnen sind, werden oft auch alle Griechen bei Homer genannt. Agamemnon, der Oberfeldherr der Griechen vor Troja, war ja ein Danaer. Bei ihrem scheinbaren Abzuge von Troja ließen nun die Danaer das bekannte hölzerne Pferd angeblich als Geschenk für die Trojaner zurück, und als diese dann das Pferd trotz aller Warnungen in ihre Stadt brachten, riefen sie damit selbst den Untergang derselben herbei. So wird denn eine Gabe, die dem Begabten recht viel Unannehmlichkeiten verursacht, ein Danaergeschenk genannt.

Danaidenfass. Die Töchter des Danaos, die Danaiden, hatten in der Brautnacht ihre Männer auf Anstiften ihres Vaters ermordet. Sie wurden für diese Untat in der Unterwelt damit bestraft, dass sie Wasser in ein durchlöchertes Fass schöpfen mussten. Daher wird eine vergebliche Arbeit das Füllen des Danaidenfasses genannt.

Delphisches Orakel. Unter allen Orakelstätten des Altertums, an denen angeblich die Götter durch ihre Priester oder Priesterinnen auf Fragen antworteten, die Sorgenvolle oder Unentschiedene an sie richteten, war das des Apollo zu Delphin das berühmteste und angesehenste; war doch Apollo der eigentliche Gott der Weissagung. Aber seine Sprüche, die meist in symbolischer Form gegeben wurden, hatten etwas Dunkles und Vieldeutiges. So nennt man denn eine Rede, von der man wohl sagen kann: »Herr dunkel war der Rede Sinn!« ein delphisches Orakel und meint damit den Spruch dieses Orakels.

Dioskuren d.h. des Zeus Söhne. Gemeint sind damit Kastor und Polydeukes (Pollux), die Söhne des Zeus oder des Tyndareos und der Leda. Als Kastor, welcher der sterbliche Sohn des Tyndareos sein sollte, im Kampfe fiel, bat Polydeukes, der unsterbliche Sohn des Zeus, dass auch er sterben dürfe. Zeus ließ ihm nun die Wahl, ob er stets im Olymp mit ihm leben wolle, oder mit dem Bruder vereint abwechselnd einen Tag im Olymp, den anderen im Hades (Unterwelt). Polydeukes wählte das Letztere. Die Dioskuren wurden von den Doriern als Heroen verehrt; die Schiffer betrachteten die St. Elmsfeuer als ein Zeichen ihrer Nähe. Ein Paar in ihrer Art besonders hervorragender Männer, wie beispielsweise Schiller und Goethe, nennt man daher wohl »die Dioskuren.«

Drakonisches Gesetz. Als in der zweiten Hälfte des siebenten Jahrhunderts die Volkspartei zu Athen sich wiederholt gegen den Adel erhob, sollte der Archon Drakon diesen Unruhen durch Strafgesetze steuern. Drakon gab nun seine Gesetze; dieselben waren aber so strenge, dass man von ihnen sagte, sie seien mit Blut geschrieben; denn das geringste Vergehen bedrohten sie mit dem Tode. Daher nennt man denn jedes übermäßig strenge Gesetz ein drakonisches Gesetz.

E

Epikureer sind die Anhänger der philosophischen Schule, welche einst von Epikur etwa um die Zeit Alexanders des Großen zu Athen gegründet wurde. Er trachtete nach der durch Vernunft zu erwerbenden Glückseligkeit und meinte, dass es besser sei, mit Vernunft unglücklich zu sein, als ohne dieselbe glücklich. Seinen Anängern sagte man nach, dass das Streben nach Glückseligkeit überhaupt ihnen über alles gehe. Lasst uns heute fröhlich sein, denn morgen sind wir tot, galt als ihr Lebensgrundsatz.

Eulen nach Athen tragen. Die Eule, besonders die Südeuropäische Zwergohreule, war der Pallas Athene geheiligt. Diese Göttin aber galt ja als die besondere Schutzherrin von Athen, und hier wurden daher ihr zu Ehren die Eulen besonders gehegt. So gebraucht man den obigen Ausdruck von dem Tun eines Mannes, der Behauptungen aufstellt, die niemand bestritten hat, oder Erklärungen gibt für Dinge, die jedem klar sind.

G

Goldener Regen der Danaê. Danaê war die Tochter des Königs Akrisios von Argos. Da ihm ein Orakelspruch verkündet hatte, dass der Sohn seiner Tochter ihn töten werde, ließ er diese auf das Strengste bewachen und beschloss, sie nicht zu verheiraten. Zeus aber hatte Zuneigung zur Danaê gefasst und da ihm jeder andre Weg, sich seiner Angebeteten zu nähern, verwehrt war, kam er in Gestalt eines goldenen Regens zu ihr. Die Frucht dieses Besuches war der gewaltige Perseus, der Überwinder der Gorgo Medusa und Befreier der Andromeda.

Gordischer Knoten. Gordios, der sagenhafte Gründer einer lydischen Dynastie, war nur ein einfacher Bauer gewesen. Einmal setzte sich ihm beim Pflügen ein Adler auf das Joch seiner Stiere. Ein weissagendes Mädchen deutete dies auf künftige Königswürde des Bauern. Gordios spannte nun seine Stiere vor einen Wagen und fuhr zum Tempel des Zeus. Auf diesem Wege begegnete ihm schon die Abordnung der Lydier, die auf Weisung des Orakels den als König anerkennen sollten, der ihnen auf dem Wege zum Tempel zuerst mit einem Wagen begegne. Gordios opferte nun dem Zeus seine Stiere, die Zugleine der Tiere aber schlang er um das Joch, verknüpfte die Enden durch einen wunderbaren Knoten und hängte das Ganze als Weihgeschenk im Tempel des Zeus auf. Es gab das Orakel darauf den Spruch aus, wer den Knoten löse, dem werde die Herrschaft über Asien zufallen. Bis auf Alexander den Großen war diese Lösung noch niemand gelungen; Alexander aber löste den Knoten durch einen Schwerthieb.

Gorgonenhaupt. Ursprünglich gab es nur eine Gorgo, später sprach man von dreien. Es waren dies geflügelte furchtbare Wesen mit versteinerndem Blick, mit Schlangenhaaren und mit Schlangen gegürtet. Sie wohnten am Westrand der Erde in der Nähe der Hesperiden (s. d.). Die eine von ihnen, Medusa, war sterblich. Und sie wurde trotz ihres versteinernden Blickes von

Perseus getötet, indem er den von Athene empfangenen Spiegel und die von Hermes erhaltene Eichel benutzte. Das der Medusa abgeschlagene Haupt diente zunächst, da es seine versteinernde Kraft behalten hatte, dem Perseus selbst als Waffe; später findet man es im Schilde des Zeus.

Graien. Diese sind Schwestern der Gorgonen; sie haben alle drei nur ein Auge und einen Zahn gemeinschaftlich. Perseus bezwingt sie leicht, indem er ihnen diese nimmt. Wahrscheinlich haben wir in ihnen eine Personifikation des Alters zu sehen.

Grazien (Gratien), von den Griechen Chariten genannt, waren die Göttinnen der Anmut, der geselligen Freuden und des heiteren Lebens. Sie sind befreundet mit den Musen, den Göttinnen der Künste.

H

Hebe war die Tochter des Zeus und der Hera. Sie war die Personifikation der ewigen Jugend und zwar bei den Römern (wo sie Iuventus hieß), nicht nur der jungen Menschheit sondern auch des Staatswesens. Im Olymp war sie vermählt mit Herakles (Herkules) und versah das Amt der Mundschenkin.

Hegemonie heißt Leitung, Führerschaft. Die einzelnen griechischen Staaten waren zwar politisch unabhängig, auch wenn sie einem Bunde angehörten; aber in allen gemeinschaftlichen Angelegenheiten bildete ein Staat den Mittelpunkt der Beratungen, und dieser hatte auch die Führung der Kriege; er forderte die Geldbeträge ein und bestimmte auch, ein wie großer Teil der festgesetzten Kriegsmacht jedes einzelnen Staates auszurücken habe: er hatte die Hegemonie.

Herkules-Arbeit. Herkules, der gewaltige Held seiner Zeit, war durch die Umtriebe der Hera (Juno) in die Dienste des Königs

Eurystheus zu Tiryns oder Mykenä gekommen. Zeus, der Vater der Helden, aber hatte bestimmt, dass Herkules sich durch die Ausführung von zwölf Arbeiten, die ihm Eurystheus auferlegte, aus der Knechtschaft befreien und sich zugleich die Unsterblichkeit erwerben könne. Diese zwölf Arbeiten nun bildeten die schwerste Aufgaben, welche man einem Menschen stellen konnte. Trotzdem vollführte Herkules sie alle: Er tötete den nemeischen Löwen, die lernäische Schlange, fing den erymanthischen Eber, die kerynitische Hirschkuh, vertilgte die stymphalischen Vögel, raubte den Gürtel der Amazonenkönigin Hippolyte, reinigte den Viehhof des Augias (s. Augiasstall), fing den kretischen Stier, die Stuten des Diomedes, des Königs der Bistonen in Thrakien, raubte die Rinder des Geryones auf der Insel Erytheia, brachte die drei goldenen Äpfel der Hesperiden nach Mykenä und holte den Kerberos (Cerberus), den gewaltigen Hund an der Tür des Hades, aus der Unterwelt herauf. Nach dem Muster dieser Arbeiten hat man sich denn schon lange gewöhnt, jede einigermaßen schwere Arbeit eine Herkulesarbeit zu nennen.

Herkules am Scheideweg. Schon in seiner Kindheit zeigte Herkules eine so unbändige Kraft, dass selbst sein menschlicher Vater Amphitryon sich vor ihm fürchtete. Als er nun aber gar seinen Musiklehrer Linos im Zorne mit der Leier erschlug, da sandte ihn der Pseudo-Vater zu seinen Herden am Kithäron. Hier in der Einsamkeit traten einmal, wie uns der Sophist Prodikos erzählt, zwei Frauen von hoher, aber doch sehr verschiedener Gestalt zu ihm, die Weichlichkeit und die Tugend. Die Erstere zeigte ihm ein Leben voll üppiger Freuden, die andere den steilen mühevollen Weg zum Ruhm. Eine jede forderte ihn auf, ihr zu folgen. Herkules wählte den Weg der Tugend. Man gebraucht nun den Ausdruck »Herkules am Scheideweg« gar oft von Leuten, die vor eine schwierige Wahl gestellt sind.

Herkulische Kraft. Mit diesem Ausdruck bezeichnet man jede außergewöhnliche Kraft; eine Kraft, wie sie etwa dem Herkules muss eigen gewesen sein.

Hersperiden-Äpfel. Hera empfing einst bei ihrer Vermählung von der Gäa goldene Äpfel zum Geschenk. Diese wurden den Hesperiden, den Töchtern des Atlas und der Hesperis, zur Aufbewahrung übergeben, und diese ließen sie nun in ihren Gärten, im äußersten Westen der Erde durch den Drachen Ladon bewachen. Herkules überbrachte dem Eurystheus drei dieser Äpfel.

Homerisches Gelächter. Die Helden Homers sind noch nicht durch Sitte und guten Ton genötigt, sich in der Äußerung ihrer Empfindungen Zwang aufzuerlegen. Sie geben daher sowohl ihrem Schmerze als ihrer Freude unbefangen Ausdruck. Wie sie ohne Scheu weinen und laut klagen, so lachen sie auch zwanglos, dass die Wände der Halle oder die Wölbung des Himmels wiederhallt. So heben namentlich die im Hause des Odysseus schmausenden Freier bei recht geringer Gelegenheit stets ein unauslöschliches Gelächter an. Es ist daher ein Wunder, dass der Ausdruck Homerisches Gelächter allgemeine Bezeichnung geworden ist für den Ausbruch ungezügelter Heiterkeit.

Hydra. Dieses Ungeheuer wird auch die lernäische Schlange genannt, denn sie wohnte in dem Sumpfe Lerna südlich von Argos. Sie soll mindestens neun, höchstens zehntausend Köpfe gehabt haben, von denen einer unsterblich war, während die übrigen die Eigenschaft hatten, doppelt wieder zu wachsen, wenn einer abgehauen war. Herkules, der das Ungeheuer töten sollte, brannte die Stümpfe der abgehauenen Köpfe mit glühenden Baumstämmen ab und verhinderte so das Nachwachsen, auf den unsterblichen Kopf aber warf er einen großen Felsen.

I

Janus-Kopf, -Gesicht. Janus war eigentlich bei den Römern der Gott der Eingänge, Ausgänge und Durchgänge; also der Türen und Tore des Hauses und der Stadt. Darum waren auch seine

Bilder an den Türen angebracht und hatten zwei Gesichter, von denen eins nach außen, eins nach innen schaute. Er war aber nicht nur der Gott des Ein- und Ausganges in örtlicher Bedeutung, sondern auch der des Beginns, des Endens und Wechsels in Bezug auf Zeit und Tätigkeit. So war er also ein in allen Verhältnissen waltender Gott von hoher Bedeutung, namentlich auch der Gott der wechselnden Jahre, und der erste Monat des Jahres, der Januar, war ihm geweiht, sodass der erste Tag desselben, der Neujahrstag, sein höchstes Fest war. Die beiden Gesichter des Gottes zeigten daher denn auch einen sehr verschiedenen Charakter, und man sagt nun wohl von Menschen, die ein auffallend wechselvolles Gesicht zeigen, dass sie einen Januskopf oder ein Janusgesicht haben.

Ikarus-Flug. Ikarus war der Sohn des Dädalus, des größten Künstlers der mytischen Zeit. Dieser erbaute dem Minos von Kreta das Labyrinth zur Wohnung für den Minotaur. Minos schloss dann ihn nebst seinem Sohne ein, vielleicht, um ihn zu strafen, vielleicht, um sich seine Kunst zu sichern. Dädalus verfertigte nun für sich und seinen Sohn Ikarus Flügel, indem er Vogelfedern durch Wachs zu großen Flügeln zusammenfügte. Als sie nun aber auf diesen davonflogen, näherte sich Ikarus in kindlicher Unbesonnenheit allzu sehr der Sonne. Das Wachs schmolz, die Federn lösten sich, und Ikarus stürzte ins Meer; dasselbe hieß seitdem angeblich das ikarische. Von einem Menschen, der gar zu hoch hinaus will und dadurch zu Fall kommt, sagt man wohl: Er hat einen Ikarusflug getan.

Inseln der Seligen. Nach einem alten griechischen Mythus lagen am Westrande der Erde im Ozean Inseln, die alles bargen, was die Erde Schönes und Herrliches hervorbringt. Sie waren daher der Aufenthaltsort der besonderen Lieblinge der Götter, welche hier, dem Tode entrückt, sich eines ewigen Lebens in Wonne und stetem Überflusse erfreuten. Vielfach meint man, dass unter diesen Inseln eigentlich die Kanarischen Inseln zu verstehen seien.

Junonische Gestalt. Wie Hera bei den Griechen die göttliche Gemahlin des Zeus war, so war Juno bei den Römern Gemahlin des Jupiter. Wie jene, wurde auch sie gedacht und dargestellt als ein hoheitsvolles Weib von edler erhabener Gestalt in reifer blühender Schönheit. Das Wunder also, wenn man bei Frauen von gleichen Eigenschaften sagt, dass sie eine Junonische Gestalt haben!

Ixions Rad. Ixion, der König der Lapithen, stürzte seinen Schwiegervater, der zu ihm kam, um die Brautgeschenke für seine Tochter Dia von ihm zu fordern, in eine mit Feuer gefüllte Grube. Niemand wollte ihn von diesem Morde reinigen, bis Zeus selbst ihn entsühnte und ihn sogar im Olymp zur Tafel zog. Zum Dank dafür trachtete Ixion nach der Liebe der Hera. Nun wurde Ixion zur Strafe für diesen Frevel in der Unterwelt an ein feuriges Rad gefesselt, das rastlos mit ihm ungetrieben ward.

K

Kassandra-Stimme. Kassandra war die schönste der Töchter des Priamus. Sie hatte von Apollo, der sie liebte, die Gabe der Weissagung erhalten. Da sie nun aber die Liebe des Gottes nicht erwiderte, sondern dem Koriobos ihre Neigung zuwendete, so wurde sie von Apollo dadurch gestraft, dass niemand ihren Weissagungen glaubte. Als sie daher bei der Ankunft der Helena und später während des Krieges den Troern Unheil verkündete, wurde sie verlacht und gelegentlich sogar misshandelt. Nach Trojas Fall wurde sie die Beute des Agamemnon und mit diesem zugleich durch die Klytämnestra getötet. Eine recht unmotiviert erscheinende Warnung bezeichnet man heute wohl als Kassandra-Stimme.

Kastalischer Quell war eine dem Apollo und den Musen geheiligte Quelle am Parnassos, deren Wasser zu den heiligen Gebräuchen im Tempel zu Delphi verwendet wurde.

Kastor. s. Dioskuren.

Kundiger Thebaner. s. Thebaner.

Kunst-Mäcen. s. Mäcen.

L

Lakonische Kürze. In Sparta, der Hauptstadt Lakoniens, dessen herrschende Bevölkerung eben die Spartiaten bildeten, war die Erziehung der Knaben Sache des Staates. Mit ihrem siebenten Jahre wurden die Knaben in die Agelen (Genossenschaften) eingereiht und dort dann unter köperlichen Übungen an Gehorsam und Enbehrungen gewöhnt. Ein wichtiger Gegenstand des Unterrichtes war die Unterweisung der Knaben, in wenig Worten treffende Antworten zu geben, und diese lakonische Kürze wurde schon im Altertume bekannt und berühmt.

Lethe trinken. Die Seelen der Gestorbenen mussten in der Unterwelt, um das Leben dort nur überhaupt erträglich zu finden und sich nicht allzu sehr nach der sonnigen Oberwelt zurücksehnen zu müssen, aus dem Flusse Lethe Vergessenheit des Geschehenen trinken.

Lukullisches Mahl. L. Licinius Lucullus, ein Zeitgenosse des Cäsar und des Pompejus, war bekannt durch seinen Reichtum und seine Vorliebe für prächtige Gastmähler. So nennt man denn noch heute ein über das gewöhnliche Maß ausgestattetes Mahl ein Lukullisches Mahl.

M

Mäander-Band, Mäander-Windungen. Der Mäander, jetzt Menderes genannt, ist einer der bekanntesten Flüsse Klein-Asiens.

Schon im Altertum war der Fluss namentlich seiner vielen Windungen wegen berühmt. Daher kommt es denn auch, dass man bei Stickereien, auf Gefäßen, namentlich Urnen, in der Architektur an den Friesen die durch ihre kunstvollen Windungen auffallenden Randverzierungen Mäander-Band genannt hat. Ebenso sagt man von verschlungenen Pfaden, von Flüssen, die sich auffallend schlängeln, sie machten Mäander-Windungen.

Mäcen. Mäcenas war ein Zeitgenosse und Freund des Kaisers Augustus. Er war aber auch Verehrer der schönen Künste und ein Gönner, dem namentlich Horaz und Vergil viel zu danken hatten. So wird denn auch heute noch ein freigebiger Freund und Förderer der schönen Künste ein Mäcen genannt.

Megäre. Nach der Vorstellung der Griechen wurden Vergehen gegen heilige Rechte, namentlich Freveltaten gegen die Bande des Blutes durch Rachegöttinnen, die Erinyen oder Eumeniden, verfolgt. Die späteren griechischen Dichter kennen drei solcher Rachegöttinnen, und von den Alexandrinern werden sogar ihre Namen genannt, deren einer Megaira (die Feindliche) war. Dem von Hass und Rachsucht erfüllten Inneren dieser Göttinnen entsprechend, dachte man sich natürlich auch das Äußere möglichst entsetzlich und Furcht erregend. Äschylus, der sie zuerst auf die Bühne brachte, stellte sie den Gorgonen und Harpyien ähnlich dar, als hässliche alte Frauen mit Schlangenhaaren, blutigen Augen, vorhängender Zunge und gefletschten Zähnen; dabei trugen sie lange schwarze Gewänder mit blutrotem Gürtel. (S. auch Schillers Kraniche des Ibykus). Megaira ist die bekannteste dieser Erinyen geworden, und man kann nun sich leicht denken, was für ein Weib man mit dem Namen Megäre bezeichnet.

Melpomene. S. Musen.

Memnons-Säulen. Mit diesem Ausdruck bezeichnet man noch heute zwei monolithe sitzende Kolossal-Figuren, welche der Pharao Amenhophis III. dem ägyptischen Theben gegenüber, wo er auch einen großen Tempel erbaut hatte, an der linken Seite des Nils um 1500 v. Chr. zu seinem Gedächtnisse errichtete. Diesen Pharao brachten die Griechen zusammen mit dem Könige Memnon von Äthiopien, der nach Homer dem Priamus zu Hilfe kommt und von Achilles erschlagen wird. Nach der griechischen Sage war dieser Memnon ein Sohn der Eos (Morgenröte), die nun auch vom Zeus die Unsterblichkeit für ihn erflehte. Die Griechen konnten den Memnon um so leichter dem Amenhophis gleichsetzen, als nicht nur der Gleichklang in den beiden Namen vorhanden war, sondern in dem ägyptischen Theben auch für die dort vorhandenen Prachttempel die Bezeichnung Mennu gebräuchlich war, während wieder die Griechen die in verschiedenen Städten Vorderasiens vorhandenen großen Tempelanlagen Memnonia nannten und deren Gründung dem Memnon zuschrieben. So wurden denn nun auch die inmitten der großartigen Tempelanlagen (Mennu) des ägyptischen Thebens vorhandenen Standbilder des Amenhophis auf Memnon bezogen. Diese Standbilder aber sind aus einem sehr harten und spröden Kieselkonglomerat gearbeitet, an dem von jeher während des plötzlichen Temperaturwechsels unter den Strahlen der aufgehenden Sonne größere oder kleinere Stücke zersprangen. Hierdurch aber wurden zitternde Töne hervorgerufen, und die Griechen hörten in diesen Tönen die Stimme des so jäh gestorbenen Memnon, der seine Mutter Eos allmorgentlich begrüßte. Die Griechen – freilich erst die der alexandrinischen Zeit – übertrugen dann den ganzen Mythus von Memnon nach Ober-Ägypten.

Messalina, mit vollem Namen Valeria Messalina, die Gemahlin des Kaisers Claudius, war eine der berüchtigsten Frauen des römischen Kaiserreichs. Sie betrug sich in schamlosester Weise und wollte sogar die edelsten und vornehmsten Frauen Roms zu einem gleichen Benehmen nötigen. Außerdem zeigte sie eine solche Habgier und Grausamkeit, dass sie nicht einmal ihre nächsten Verwandten verschonte. Ihre Schamlosigkeit, die sie schließlich so weit trieb, dass sie sich in Abwesenheit ihres Gemahls mit ihrem damaligen Günstling öffentlich vermählte, wurde ihr dann endlich auch zum Verderben. Denn nun fürchteten die Günstlinge des Kaisers den Einfluss des neuen Gemahls und stellten demgemäß dem Kaiser das Beginnen der Messalina als auf seine Beseitigung zielend dar. Die Folge war, dass der Kaiser die Hinrichtung der treulosen Gemahlin befahl, und die Günstlinge ließen diesen Befehl sofort ausführen.

Midas war ein König der Phryger in Klein-Asien; ja er soll diese erst aus Makedonien, wo sie noch Bryger hießen, in ihre späteren Sitze geführt haben. Einst fingen Landleute in den Rosengärten des Midas den trunkenen Silenus, der sich aus Versehen allzu weit von dem Zuge des Dionysus entfernt hatte. Als sie ihn, mit Kränzen gebunden, vor den König führten, nahm dieser den weisen Lehrer des Dionysus gastlich auf, unterredete sich mit ihm und führte ihn dann dem Dionysus wieder zu. Dieser war dem Könige für solchen Dienst so dankbar, dass er ihn aufforderte, sich eine Gnade zu erbitten. Midas bat, dass sich alles, was er berühre, in Gold verwandeln möge. Als sich nun aber selbst die Speisen, die er essen wollte, in Gold verwandelten, bat er den Gott, die Gnade doch wieder von ihm zu nehmen. Dionysus befahl ihm nun, sich im Flusse Paktolos zu baden, und dieser wurde alsbald infolge dieses Bades goldhaltig. Zuweilen wird diese Sage noch etwas anders dargestellt; doch erscheint Midas immer als ein von Dionysus mit Reichtum gesegneter Gott, ja ursprünglich scheint er mit Silen gleichbedeutend gewesen zu sein; darauf deuten die Satyr- oder Eselsohren, die sich Midas nach einer anderen Sage gleichfalls durch seine Dummheit zugezogen hatte. Apollo und Pan (oder Marsyas) waren in Streit geraten, wer von ihnen beiden am schönsten spielen könne. Der lydische Gott Tmolos sollte den Streit entscheiden, und dieser erklärte, das Zitherspiel des Apollo sei schöner als das Flötenspiel des Pan. Obgleich alle Zuhörer diesem Urteil beistimmten, so war Midas doch mit demselben nicht zufrieden und entschied sich für Pan. Zur Strafe für dieses Urteil erhielt er nun von Apollo Eselsohren, welche er dann sorgfältig unter einer phrygischen Mütze zu verbergen suchte. Aber der Barbier des Königs entdeckte das Geheimnis, und da er es niemand verraten durfte, es aber auch nicht bei sich behalten konnte, so grub er ein Loch in die Erde und flüsterte in dieses hinein: König Midas hat Eselsohren. Als er darauf die Grube zuscharrte, wuchs aus dieser alsbald Schilf empor, und dieses flüsterte nun jenes Geheimnis weiter, sodass es bald aller Welt bekannt ward. Nach dieser letzten Lage nennt man wohl jeden unberufenen Kunstkritiker, mag er nun König sein, oder nicht, einen Midas.

Morpheus war Sohn und Begleiter des Schlafgottes und als solcher nicht nur Bringer des Schlafes sondern nebst drei anderen Dienern auch Bildner der Traumgestalten.

Musen. Die Musen waren ursprünglich Göttinnen des Gesanges, später wurden sie auch zu Vorsteherinnen der verschiedenen Dichtungsarten, der Künste und Wissenschaften. Während man in den älteren Zeiten bald von einer Muse, bald von mehreren spricht, nannte man späterhin neun Namen, von denen Terpsichore, die Muse des Tanzes, Polyhymnia, die Muse der Hymnen, Melpomene, die Muse des Trauerspiels, Thalia, die Muse der heiteren Dichtkunst, der Komödie, Klio, die Muse der Geschichte, in unserer Zeit wohl die am meisten bekannten und verehrten sind. Die Römer hatten für ähnliche Göttinnen den Namen Camenen.

Mylitta war eine femitische, besonders in Babylon verehrte, von dort zu den Assyrern und Persern übergegangene Göttin, welche von den Griechen Aphrodite Urania bezeichnet wurde. Sie war die Urmutter der Welt, das allgemeine Zeugungsprinzip in weiblicher Vorstellung. Man findet den Namen manchmal bei uns als Mädchenname.

Mysterien sind Geheimkulte d. h. eine besondere Art von Gottesverehrung, als deren Merkmale man neben dem Geheimnisvollen und Verborgenen ihres Ritus eine begeisterte Gemütsstimmung und eine nur von ihnen erwartete Weihe und Erbauung bezeichnen kann. Als die berühmtesten Mysterien des gesamten Altertums sind die Eleusinischen zu bezeichnen, die Mysterien der Demeter zu Eleusis in der Nähe von Athen. Im Mittelalter verstand man unter Mysterien die geistlichen Schauspiele, welche Szenen aus der Leidens- und Auferstehungsgeschichte Jesu zur Darstellung brachten.

N

Nessus-Gewand. Nessus war ein Kentaur, der am Flusse Euenus in Hellas wohnte. Als Herkules mit seiner jungen Frau Dejanira an diesen Fluss kam und ratlos war, wie er ihn überschreiten könnte, erbot sich Nessus, sie beide hinüberzutragen. Als er dann aber die Dejanira zuerst hinübergetragen hatte, wollte er dieselbe entführen. Herkules merkte sofort diesen Verrat und streckte den Entführer mit dem todbringenden Geschoss seines Bogens nieder. Nessus hatte nur noch Zeit, der Dejanira, aus Rache gegen Herkules, einzureden, dass sie ihren Schleier in sein Blut tauchen müsse, um einen Zauber zu erlangen, der ihr die Liebe des Herkules für immer sichern werde, dann starb er. Nun war aber der Pfeil des Herkules mit dem Blute der lernäischen Schlange (s. o. Hydra) vergiftet und so auch in das Blut des Nessus übergegangen. Als nun später Dejanira fürchtet, die Liebe des Herkules zu verlieren, schickt sie zur Erneuerung derselben ihm ein Prachtgewand, in dessen Stoff sie mit dem Blute des Nessus getränkte Fäden verwebt hat. Sobald nun Herkules das Gewand angelegt und dasselbe an seinem Körper warm geworden, begann auch das entsetzliche Gift seinen Körper zu treffen, sodass er von furchtbaren Schmerzen fast zum Wahnsinn getrieben wird. Nachdem er den unschuldigen Überbringer des Gewandes ins Meer geschleudert, nachdem Dejanira sich in der Verzweiflung selbst das Leben genommen hat, lässt auch Herkules sich auf einem von ihm selbst am Deta errichteten Scheiterhaufen verbrennen.

Niobe, die Tochter des Tantalus (s. u.), die Gemahlin des Königs Amphion von Theben, war stolz auf ihre zahlreiche Nachkommenschaft und blickte mit Geringschätzung auf die Leto (Latona), die Mutter des Apollo und der Artemis. Zur Strafe erschossen die beiden alle ihre Kinder, wie sehr auch die Mutter sich bemühte, sie zu schützen. Niobe erstarrte durch den ungeheuren Schmerz zu Stein. Doch ihr Schmerz ist noch jetzt zu erkennen und äußert sich in Tränen, die der Stein weint.

O

Obolus. Der Obolus war die gangbarste kleine griechische Münze. Er spielte eine große Rolle namentlich im athenischen Leben, dass beispielsweise selbst die Bürger, welche an den Volksversammlungen teilnahmen und so ihres täglichen Verdienstes verlustig gingen, durch Obolen entschädigt wurden. Auch der Gestorbene erhielt für seine Reise in die Unterwelt einen Obolus mit – man legte ihn in den Mund – damit er dem Totenschiffer Charon (s. d.) sein Fährgeld bezahlen könne.

Olympische Ruhe. Die nächste Erklärung scheint hier zu sein: Eine Ruhe, wie sie auf dem Olymp unter den seligen Göttern herrscht. Und Schillers Gedicht »Das Ideal und das Leben«, dessen Anfang lautet:

> Ewig klar und spiegelrein und eben
> Fließt das zephyrleichte Leben
> Im Olymp den Seligen dahin;

könnte uns in dieser Auffassung bestärken; aber wir wissen aus dem Homer, dass es bei den Göttern im Olymp durchaus nicht immer ruhig zuging; dort im Gegenteil machmal recht erregte Verhandlungen stattfanden. Da gibt uns denn nun doch wieder das obige Schiller'sche Gedicht Aufschluss, wie wir unseren Ausdruck zu verstehen haben. Es heißt dort:

Zwischen Sinnenglück und Seelenfrieden
Bleibt dem Menschen nur die bange Wahl;
Auf der Stirn des hohen Uraniden
Leuchtet ihr vermählter Strahl.

Dieser Uranide ist Zeus, und er ist hier gezeichnet, wie man sich seine Erscheinung dachte, und wie ihn auch die Kunst darstellte. Als das schönste und herrlichste Kunstwerk dieser Art galt das Werk des Phidias im Tempel zu Olympia. Zwei Verse des Homer hatten ihm die Idee zu seinem Götterbilde gegeben:

Und die ambrosischen Locken des Herrschers wallten
ihm (dem Zeus) vorwärts
Von dem unsterblichen Haupt; es erbebten die Höhn
Des Olympos.

Über alles erhaben war der Anblick dieses Götterbildes, und wenn es den Gott darstellte; so allgewaltig, dass ein Nicken seines Hauptes die Welt erschütterte, und wenn sein Anblick das Menschenherz in ehrfurchtsvollem Schauer erbeben ließ, so weckte er doch wieder die Überzeugung, dass Zeit und Ereignisse niemals die hoheitsvolle Ruhe des Gottes stören könnten: das war die olympische Ruhe.

P

Pandora-Büchse. Als Prometheus für die Menschen das Feuer aus dem Olymp gestohlen hatte, beschloss Zeus, sich in den Menschen an Prometheus zu rächen. Hephästus musste aus Erde und Wasser das Weib bilden, und er gab ihr schöne jungfräuliche Gestalt, Kraft und menschliche Stimme, Athene verlieh ihr weibliche Kunstfertigkeit, Aphrodite Anmut und Liebreiz, Hermes Dreistigkeit und betörende Schalkheit. Weil dieses erste Weib so von allen begabt worden war, erhielt es den Namen Pandora, die Allbegabte. Zeus gab dann der Pandora noch eine Büchse, in der alle nur denkbaren Übel verschlossen waren. So ausgestattet wurde nun das Weib durch Hermes dem Epimetheus, dem Bruder des Prometheus, zugeführt, und dieser nahm trotz aller vom Bruder erhaltenen Warnungen das Geschenk von den Göttern an. Pandora aber öffnete nun ihre Büchse, und sofort entflogen derselben alle Übel und verbreiteten sich über die Erde; nur die unsichere trügerische Hoffnung war noch darin geblieben, als Pandora den Deckel schnell wieder schloss.

Panegyrisches Lob. Eine Panegyrikus ist eigentlich eine Rede, die den Beifall der Menge gewinnen soll. In der römischen Kaiserzeit erhielten die Lob- und Dankreden begünstigter Beamten an die Kaiser diesen Namen, und in der späteren Zeit sinken sie zu Reden ungemessenen Lobes und niederer Schmeichelei herab. So ist ein panegyrisches Lob ein uneingeschränktes, das jeglichen Tadel ausschließt.

Panischer Schrecken. Pan war ein Wald- und Weidegott. Von Geburt an war er bockfüßig, gehörnt, krummnasig, geschwänzt und behaart, kurz so hässlich, dass seine Mutter ihn gleich nach der Geburt erschreckt verließ. Aber Hermes trug ihn hinauf in den Olymp, wo alle Götter ihre Freude an dem seltsamen Kollegen hatten. Der neue Gott hatte eine besondere Freude daran, Wald und Feld zu durchschweifen, und hier weidet und pflegt er das Wild, welch Letzteres er jedoch auch jagt. Er liebt es sehr, in der Gesellschaft von Nymphen umherzuziehen, denen er auf der Syrinx (die Hirtenpfeife, welche er selbst erfunden hat) fröhliche Weisen vorspielt. Als Gott, der die Waldeinsamkeit liebt, jagt er gar oft auch den Menschen, welche diese stören, durch plötzliches Hervorspringen aus dem Gebüsch, durch höhnisches meckerndes Lachen einen entsetzlichen Schreck ein, ja manchmal sucht er sich gerade den stillen nichts ahnenden Wanderer zum Opfer seiner Neckereien aus; daher der Ausdruck »panischer Schreck.«

Parnass ist ein dem Apollo, dem Dionysos und den Musen geheiligter Berg in Hellas. Er hat viele Schluchten und Abgründe, in deren einer sich das delphische Orakel befand und der begeisternde kastalische Quell (s. d.) entsprang.

Penelope-Gewebe. Penelope, die Gemahlin des Odysseus hatte die Freier, welche sie bestürmten, statt ihres verschollenen Gemahls einen von ihnen zum Gatten zu wählen, dadurch hingehalten, dass sie diesen erklärte, sie müsse vor der neuen Ehe ein Gewand fertig weben, das zum Sterbegewande für den Vater des Odysseus, den Laêrtes, bestimmt sei. Die Freier gaben dies zu, Penelope aber trennte während der Nacht das wieder auf, was sie während des Tages gearbeitet hatte, sodass sie die Arbeit nie vollendete. Daher nennt man denn wohl eine Frauenarbeit, die ungewöhnlich lange Zeit erfordert, ein Penelope-Gewebe.

Phönix war ein fabelhafter heiliger Vogel der Ägypter, über dessen Tod allerlei Sagen verbreitet waren. Er sollte sich nach 500 – 700 Jahren selbst auf einem Scheiterhaufen von Gewürzen verbrennen und dann verjüngt aus seiner Asche hervorgehen.

Platonische Liebe. Nach Platos Lehre wird die wahre Liebe zwischen Personen verschiedenen Geschlechtes dadurch hervorgerufen, dass die eine die andre ergänzt. Ursprünglich waren nämlich die Menschen zweigeschlechtig, und sind dann später erst in Wesen männlichen und weiblichen Geschlechtes getrennt worden. Die Folge davon ist nun, dass sich die eine Hälfte der Person nach der anderen Hälfte sehnt, und wenn sie sie gefunden, so entsteht die wahre Liebe. Diese ist frei von jeder sinnlichen Regung und ohne Begierde nach geschlechtlicher Vereinigung.

Pluto oder Hades war der Bruder des Zeus und des Poseidon, mit denen er sich die Weltherrschaft geteilt hatte. Seine Gemahlin ist Proserpina oder Persephone, die Tochter der Ceres.

Prokrustes-Bett. Damastes oder Polypemon wurde Prokrustes (Ausrecker) genannt, weil er die Fremden, welche an seiner Wohnung vorüberkamen, in seiner langen Bettstelle so lange ausreckte, die großen so lange verkürzte, bis sie starben. Theseus überwand ihn und marterte nun ihn auf dieselbe Weise zu Tode. Das ungerechtfertigte Ausdehnen oder Abkürzen einer Schrift nennt man heute wohl ein Prokrustes-Bett.

Prometheus (der Vordenkende, Vorbedachte) war ein Bruder des Epimetheus (der Nachbedachte) – s.o. Pandora-Büchse – ein Titane. Er war nach Besiegung der Titanen den neuen Göttern gegenüber Vertreter der Menschen und suchte diesen selbst durch Betrug Vorteile zu verschaffen. Zeus wollte aus Rache dafür die Menschen strafen. So nahm er ihnen das Licht, und als Prometheus dieses dann aus dem Olymp für die Menschen raubte, lässt Zeus ihn durch Hephästus an einen Felsen des Kaukasus schmieden, wo ein Adler ihm die Brust zerfleischt und seine Leber frisst, welche aber immer wieder wächst. Das dauert lange, lange Zeit, bis endlich Herkules vorübergeht, der nun nach dem Willen des Zeus den Adler erlegt und den Prometheus befreit. Prometeus ist so Repräsentant des denkenden Menschengeistes, der im Gebrauche des Feuers alle Schäden der Kultur hevorruft.

Proteusartig. Proteus war ein dem Poseidon untergebener Meergreis, der bei der ägyptischen Insel Pharos die Robben der Amphitrite weidete. Wie das Meer selbst, hatte auch er die Fähigkeit, sich zu verwandeln und alle möglichen Gestalten anzunehmen.

Pythia hieß die im Tempel des Apollo zu Delphi weissagende Priesterin, so genannt nach dem Beinamen des Apollo (s. o.).

Pyrrhus-Sieg. Pyrrhus, der König von Epirus, kam im Jahre 280 auf Bitten der Tarentiner mit einem Heere nach Italien, um jenen gegen die Römer beizustehen. Zweimal schlug er die Römer, bei Heraklea und bei Askulum; aber schon nach diesem zweiten Sieg – so erzählen uns römische Quellen – rief er aus: Noch ein solcher Sieg, und ich bin verloren. So nennt man denn einen Sieg, der den Sieger übermäßig schwächt, einen Pyrrhus-Sieg.

S

Sanctuarium nennt man in der römischen Kirche den Ort um den Altar, besonders um den Hochaltar, dann aber auch den Ort, der zur Aufbewahrung der Reliquien und sonstigen Heiligtümer dient, welche einer Kirche gehören.

Sardonisches Lachen hieß bei den Alten jedes krampfhafte Lachen, das nicht aus der inneren Stimmung hervorgeht. Es sollte seinen Namen von einem auf Sardinien wachsenden Kraute erhalten haben, dessen Genuss angeblich solches Lachen hervorrief. Man findet indes den Ausdruck schon bei Homer, der doch Sardinien nicht kannte. Man gebraucht den Ausdruck jetzt gewöhnlich von einem ironischen, den Lacher selbst verhöhnenden Lachen.

Scylla und Charybdis. Scylla war nach der Mythe ein furchtbares Ungeheuer, von dem Homer sagt:

Siehe, das Ungeheuer hat zwölf abscheuliche Klauen
Und sechs Häls' unglaublicher Läng', auf jeglichem Halse
Einen grässlichen Kopf mit dreifachen Reihen gespitzter
Dicht geschlossener Zähne voll schwarzen Todes bewaffnet.

Wer diesem Ungeheuer entging, das am Meeresufer auf Vorüberfahrende lauerte, der verfiel der Charybdis, einem anderen Ungeheuer, das dem Ersteren gegenüber das Meereswasser und mit ihm die vorüberfahrenden Schiffe einschlürfte.

Sisyphus-Arbeit. Sisyphus, ein schlauer gewinnsüchtiger Mann, Erbauer und König von Korinth, hatte sich durch mancherlei Frevel den besonderen Zorn der Götter zugezogen. Deshalb wird er in der Unterwelt damit bestraft, dass er einen großen Felsblock unaufhörlich einen großen Berg hinaufwälzen muss; sowie der Stein oben ist, entrollt er nämlich seinen Händen und stürzt wieder in die Tiefe.

Sophisten-Moral. Sophisten werden gewöhnlich die Philosophen genannt, welche Zeitgenossen des Sokrates sind, aber im Gegensatze zu ihm ihre Wissenschaft nicht um ihrer selbst willen und umsonst lehrten, sondern um Geld. Wie sie selbst nichts wissen, so leugnen sie überhaupt das Wissen, und damit hängt dann eine Geringschätzung der sittlichen Gesetze und des Götterglaubens zusammen. Wie sie alles im Äußerlichen suchen, wie ihnen das Wesen der Rhetorik, der sich die meisten von ihnen zuwandten, hauptsächlich in rednerischen Kunstgriffen bestand, so ist auch ihre Moral nur eine rein äußerliche, die mit dem Wesen des Menschen nichts gemein hat.

Stagirite wird Aristoteles genannt, weil er aus der Stadt Stagira oder Stagirus auf der Halbinsel Chalkidike (Dreifinger-Halbinsel) stammte.

Stentor-Stimme. Stentor war einer der Griechen vor Troja mit so gewaltiger Stimme, dass sein Ruf so laut tönte, wie der von fünfzig Männern.

Stoiker werden die Anhänger des Philosophen Zenon genannt, der zu Athen in einer Stoa (Säulenhalle) lehrte. Der hervorstechendste Charakter der späten Stoiker ist ein sittlicher Heroismus, der vielfach von ihnen sogar übertrieben wird. So bilden sie, denen Freuden und Leiden dieses Lebens Nebensachen sind, eigentlich nach heutiger Auffassung den geraden Gegensatz zu den Epikureern.

Symbolische Bücher einer Kirche nennt man solche Schriften, die anerkanntermaßen die besondere in derselben herrschende religiöse Überzeugung zum Ausdruck bringen. Somit dienen sie als Glaubensbekenntnisse und als Erkennungszeichen – das ist Symbolum – der Glieder derselben Kirche.

T

Tantalus-Qualen. Tantalus war ein König in Klein-Asien, ein Liebling der Götter. Aber er konnte die Gunst derselben nicht ertragen und frevelte gegen sie. Deshalb war er in der Unterwelt besonders hart gestraft. Von Hunger und Durst gequält, stand er dort bis an das Kinn in einem See, während unmittelbar über seinem Haupte die herrlichsten Früchte hingen. Doch griff er nach diesen, so wehte der Wind die Zweige empor, dass er sie nicht erreichen konnte, und bückte er sich, um zu trinken, so verrann das Wasser und er stand auf trockenem Sand.

Tarpejischer Felsen hieß die steile südliche Seite des Hügels, auf dem das Capitol lag. Ehemals hieß der ganze Berg der Tarpejische, bis das Capitol auf demselben erbaut wurde und er dann der Capitolinische genannt wurde. Der Tarpejische Fels hatte eine besondere Bedeutung für die Römer. Der von einem Tribunen auf den Tod angeklagte und verurteilte Verbrecher wurde von seiner Höhe herabgestürzt.

Thalia s. Musen.

Thebaner, kundiger. Der Ausdruck stammt nicht aus dem Altertum, sondern aus König Lear, der 3, 4. Den Edgar einen kundigen Thebaner nennt; er nennt denselben aber auch seinen Philosophen und seinen Athener offenbar in gleicher Bedeutung.

Thespis-Karren. Thespis, ein Zeitgenosse des Solon, gilt als Erfinder der Tragödie. Er soll den dithyrambischen Chorgesängen an den Dionysosfesten eine Erzählung, vermischt mit mimischer Darstellung, hinzugefügt haben. Ebenso wird erzählt, dass er sich zuerst geschminkt und dann Masken aus Leinwand eingeführt habe. Er folgte den Umzügen an den Dionysosfesten mit einem Wagen, der dem erzählenden Schauspieler – welcher er wahrscheinlich selbst war – als Bühne diente, während vor demselben der Chor seinen Reigen ausführte. Dieser Wagen war der

Thespis-Wagen oder Thespis-Karren. Der Ausdruck wird jetzt vielfach gleichbedeutend mit Bühne gebraucht.

Tusculum war eine alte Stadt Latiums am Albanergebirge. In der Umgebung der Stadt hatten viele reiche Römer ihre prächtigen Landhäuser, und unter diesen ist das berühmteste das Tusculum des Cicero, der nach demselben sogar eine seiner philosophischen Schriften benannt hat, die Tusculanen.

U

Urteil des Paris. Zur Hochzeit des Königs Peleus mit der Göttin Thetis waren alle Göttinen geladen mit Ausnahme der Eris, der Göttin des Streites. Diese war deswegen hochbeleidigt und beschloss, nun gerade Zank zu erregen. Sie warf daher mitten unter die Hochzeitsgesellschaft einen goldenen Apfel mit der Aufschrift: »Der Schönsten.« Die Göttinnen Hera, Athene und Aphrodite machten nun in echter Weiblichkeit alle drei Anspruch auf den Apfel, und als keine verzichten wollte, da mussten sie sich auf Befehl des Zeus unter Führung des Hermes an das Gebirge Gargaros, einen Teil des Ida, begeben. Hier weidete nämlich Paris, der Sohn des Königs Priamus von Troja, der schönste Mann seiner Zeit, seine Herden. An ihn als sachkundigen Richter sollten sich die Göttinnen zur Entscheidung ihres Streites wenden. Das taten sie denn auch; aber sie fragten nicht einfach: Wer ist die Schönste von uns dreien? Nein, jede von den dreien suchte in echter Weiblichkeit den Richter durch Bestechung für sich zu gewinnen. So verhieß ihm Hera Reichtum und Herrschaft, Athene Weisheit und Ruhm, Aphrodite das schönste Weib. Paris aber – gleichfalls in echter Unbefangenheit – sah sich die Göttinnnen gar nicht weiter auf ihre Schönheit an, sondern, sowie er ihre Versprechungen gehört, da sprach er schon der Aphrodite den Apfel zu. Er erhielt denn nun auch das schönste Weib; aber da dieses, die Helena, die Stieftochter des Königs Tyndareus von Sparta, damals schon mit Menelaus verheiratet war, so blieb dem armen Paris nur übrig, sich das schönste Weib zu stehlen. Da Menelaus hiermit aber nicht einverstanden war, und sämtliche Griechen ihm beistimmten, so war in kurzer Zeit der Trojanische Krieg entbrannt und die Göttin Eris hatte eine rechte Freude.

V

Venus, griechisch Aphrodite genannt, ist die Göttin der Liebe und der Schönheit. Sie ist mit allen Reizen geschmückt, und schmückt nun auch ihrerseits die Liebenden füreinander, denn die Horen und Grazien (s. d.) sind ihre Dienerinnen und steten Begleiterinnen.

X

Xanthippe war die Frau des Sokrates. Sie soll sehr zanksüchtig gewesen sein, und es werden in dieser Beziehung manche Anekdoten von ihr erzählt, sodass ihr Name zur Bezeichnung eines zanksüchtigen Weibes geworden ist.